作者简介

张金宝

财务系统建设专家，金财时代教育科技（北京）有限公司董事长，老板财务精品课程《老板利润管控》《财务体系》《股权财务体系》《总裁资本兵法》《内控体系》《预算体系》授课导师。

10年大型企业财务总监任职经验，多年财务信息化研究经验，“大财务”思想终身推动者。

曾为数万家民企及数百家大型知名企业提供财务顾问及咨询服务，为2万多名企业家、总经理、财务总监做过财务教练。

已出版作品:《财商Ⅰ：老板财务管控必修课》《财商Ⅱ：民企财务规范5大体系》《金财财税系统》《两账合一》《老板必修的财税系统》《7天透过报表看懂公司》等，均赢得了民企老板热烈追捧。

◇携 80 位财务咨询师和助教授课《财务体系》

◇千位学员线下研习课程现场 2023.05 北京

◇现场辅导学员构建财务系统

◇带金财书院企业家一起游学，
参访比亚迪和大疆

◇携 500 余位金财干部开启 2020 财年收官战役大会

老板财务基本功

张金宝 —— 著

中国经济出版社
CHINA ECONOMIC PUBLISHING HOUSE

图书在版编目（CIP）数据

老板财务基本功 / 张金宝著. -- 北京：中国经济出版社，2023.8

ISBN 978-7-5136-7378-5

Ⅰ.①老…　Ⅱ.①张…　Ⅲ.①企业管理－财务管理　Ⅳ.①F275

中国国家版本馆CIP数据核字（2023）第125152号

责任编辑　严　莉
责任印制　马小宾
封面设计　柏拉图

出版发行　中国经济出版社
印 刷 者　天津文林印务有限公司
经 销 者　各地新华书店
开　　本　880mm×1230mm　1/32
印　　张　8
字　　数　154千字
版　　次　2023年8月第1版
印　　次　2023年8月第1次
定　　价　68.00元
广告经营许可证　京西工商广字第8179号

中国经济出版社 **网址** www.economyph.com **社址** 北京市东城区安定门外大街58号 **邮编** 100011
本版图书如存在印装质量问题，请与本社销售中心联系调换（联系电话：010－57512564）

序言

掌握基本功，老板更赚钱

在金财财税培训的过程中，有数以万计的老板来听线下课程。课上讲的这些财税干货，老板们都特别喜欢。正是因为这种喜欢和信任，老板们才愿意请我们为他们的公司做咨询，金财的营业额也才能发展到数十亿元。

《老板财务基本功》是我这么多年来一直想和大家分享的内容。它主要面向以下四类人群：

第一类，缺乏基本财务知识的金财学员们。

我发现，来上课的老板们都特别喜欢我讲的财税干货，但是他们对于一些财务的常识并不太了解，甚至有些老板连一些财务专有名词都要边做笔记边在网上搜索。所以，我特别想为他们讲一讲财务的基本功，讲一讲财务常识和基本逻辑。如果他们了解了这些之后再来上课，就能够事半功倍，更加理解我在课上讲的那些干货。

第二类，还没有走进金财财务课的老板们。

这些老板也想通过财务把企业做大做强，但是他们又很欠缺财务知识。这些老板如果能在听金财的财务课之前学一学财务基本功，再来上我讲的财税干货课的话，收获会更大。

第三类，金财的几千个销售伙伴。

我们金财的这些销售伙伴基本上都不懂财务，没有财务基础，但是他们的任务是向老板介绍课程和提供咨询服务。在这个过程中，他们需要做到与老板同频，为老板提供一些财务问题的解决方案。

但是，这些销售伙伴如果没有财务基础，对于金财提出的一些解决方案，或者财税工具，自己理解起来都有难度，更别提向老板解释清楚。所以，《老板财务基本功》不仅能为企业家朋友们创造价值，也能给我们金财的销售伙伴带来帮助。

第四类，企业的财务人员。

对于财务人员来说，无论是准备进入该行业，还是已经在企业中做了几年财务工作，在学完《老板财务基本功》课程之后，都能站在老板的角度、站在企业经营的角度理解财务问题，理解老板对于财务的认知。

这样，财务人员就能够与老板同频，也能够站在老板的角度进行财务汇报并沟通财务问题了。

财务基本功并不像我们正常大课上讲的那些干货，例如一些落地方案，老板学一招就能直接拿来用。它更多涉及的是财务原理，需要老板进行系统的学习。在系统地、完整地学习财务基本功之后，再去学习我讲的那些财税干货，才能事半功倍，更好地将理论融入实践。

以上就是《老板财务基本功》面向不同人群所产生的不同效果，以及我想要就此课题进行深入探讨的原因。我本身是会计专业出身，在从事了十几年的财务工作之后转向老板的财务培训工作，到现在也有将近十年的时间了。在此期间，我积累了很多关于财务的感悟和经验，希望能在这本书中与大家分享。

张金宝

目录

第六章

精细管理：阿米巴与ERP软件

第七章

行业剖析：翻开财务行业的底牌

第八章

税务常识：合法纳税，安心赚钱

前言

财务的力量

前段时间，一家做3C产品电商企业的三位高管，来金财北京总部洽谈企业财务咨询事宜。其实，在上个月的财务体系课上，他们老板就已经与我们签订了一个百万元的财务咨询合同。

在会议室，该企业集团公司的财务总监、电商子公司的财务总监，各自问了一些民企常见的问题：

“目前，年营业额虽然达20亿元，但是净利润只有1000万元左右，这还是在不太规范的情况下……如果各方面都规范了，企业可能就几乎没有利润了……我们做这个企业还有什么意义？”

“前几年，我们还有3000多万元的利润，但这几年上游供应商一直在挤压、下游平台也在挤压，两头都在挤压，利润就一点点给压没了……”

“40%左右的产品，供应商不提供增值税专用发票，无法抵扣……我们上完张老师的课以后，也做了大量的修改、规范、整顿……但还是有一些实际问题怎么都解决不了……”

“2015年、2016年时，我们老板听了一些股权激励的课程后，回来就给十几位高管做了股权激励，拿了20%的股份出来……高管的出资，基本是象征性付点钱，大都是老板送的……当时没想到，现在有一部分人去了竞争对手公司、一部分人离职……当初根本就没有设计好退出机制……”

……

经过一个多小时的沟通，该企业财务总监的疑虑被金财的咨询老师一个一个打消了。但最后还有一个问题：“财务合规了，合法交税了，企业成本提升，导致企业没利润甚至亏损，怎么办？”

于是，我在白板上画了一个思维导图，一边画一边说：企业当下有两个选择：一是合规；二是不合规。那各自的结果是什么呢？

财税不合规。必定是死路一条，老板已经快60岁了，绝对不可能再拿生命或牢狱风险去赌公司的利润，创业做生意，总要有底线，在金税四期如此严格的背景下，企业规模这么大了，还能不规范几年？这条不能选择。

财税合规。做完财务咨询以后，结果也可能有两个：一个是还有利润；另一个是没利润了。还有利润，一切安好。没有利润了，该怎么办？比如，财税合规后，导致利润下降了 800 万元，但我们可以通过财务筹划找回 300 万元；可以通过内控和流程完善找回 300 万元；可以通过人才效率提升、精简人员节省 100 万元；可以通过提升周转效率节省资金成本 200 万元；也可以通过存货管理减少 300 万元损失，如此等等，企业的利润比以前还高也不是没可能的，毕竟企业的规模在这摆着。

最后，几位高管听我们说完，支付了咨询费，就满怀信心地回去安排了，期待着财务咨询老师尽早上门咨询辅导。

虽然又一个百万元咨询项目拿下，但回到董事长办公室，我却陷入了沉思。想起 2014 年 5 月 4 日，我们 20 多位财务咨询老师（截至目前，金财咨询团队已有 500 多位咨询师）在北戴河开了 4 天财务咨询师会议。会议期间，大家提出将来要写一系列财务书籍，以帮助更多民企老板解决财务问题。而在这一系列书籍中，最重要的就是关于财务基本功的。

那么，为什么需要财务基本功，什么才是财务基本功呢？

首先，得从企业现状及需求说起。不少民企最开始大都属于野蛮生长，一心只为能够生存下来，基本没怎么考虑过财务规范及合法纳税等问题。于是，企业一直在“刀尖上舞蹈”，经营过程中也潜伏着种种法律及税务风险。而且，企业发展得越快、越大，往往风险也越来越大……

例如，两套账问题。这个问题，在不规范的民企里几乎都存在。不懂财税的老板，无知者无畏。可一旦听过财税相关课程，或者身边有老板出事之后，这些老板就开始了心灵上的煎熬，夜夜失眠睡（税）不着啊！这些年，不少明星在税务问题上出事，可以说给全国的老板们也敲了一个巨大的警钟。明星的公关经费应该够多了吧？人脉关系也应该够强了吧？但仍然搞不定啊！所以，作为民企老板的你，有百分百的把握搞定吗？

其实，老板也不是不想合规合法经营，但就像一个无米的“巧妇”，没有方法，没有工具，说起来容易，做起来却无从着手。这时的老板，往往如同孤独的行者，没有左膀右臂，没有财务帮手，高管还不理解，以为公司很赚钱。实际上，他们只看到了企业赚钱的一面，没看到众多隐形的成本及费用。怎么办？有的老板可能会像迷途的羔羊，有的老板则可能会病急乱投医，结果不但没解决旧的问题，反而产生了更多新问题。

比如：找来“空降兵”，却不接地气、没有文化认同；找来会计师事务所，却只会审计和提问题，并没有提供整体有效、切实可行的解决方法；找来有财税部门背景的领导，却只会在饭桌上给一些模糊的建议；找来代账公司或任职财务总监的朋友，给出的所谓财税解决方案，既没有系统性的、适合企业具体情况的方法及工具，也没有切实可行的、能立即落地的操作步骤……

于是，财务咨询公司应运而生！其中，以“金财”为代表的专注中国民营企业的财务咨询公司，也迎来了历史的机遇。

有一段话，最近反复在被人引用："今年是过去10年来财税监管最严的一年，今年也是未来10年财税监管最松的一年。"时代在变，企业管理的需求也在改变。

滚滚长江东逝水，浪花淘尽英雄。20世纪80年代和90年代创业的民企老板，大多是"50后"和"60后"。伴随着改革开放与中国制造业的腾飞，老板们也迎来了民企的一波波成功浪潮。2000年之后，许多民企的销售额过亿元，但是技术或营销出身的没有系统财务思维的老板们，在管理上遇到诸多瓶颈与困惑。于是，管理培训行业诞生了。一时间，各种成功学、执行力、领导力、员工激励课程，备受欢迎，全国盛行。

然而，随着大家打了10年"鸡血"，"不顾一切往前冲"，爆发了极大的生产力之后，也渐渐出现许多问题：缺乏系统的财务流程管控，没有科学的数据化支撑，激励效果再也上不去了……有需求就有商机，大量的民企老板，走在前沿并推动着培训业的发展。在2009年至2012年，"咨询式培训"成功逆袭了"激励式培训"。"金财"也在经历数年的财务专业技术积累之后，迎来了发展时机，被国内大型培训机构发掘并展开合作。许多事情就是如此，你想做的不一定能成，被趋势推动起来的，顺势就成了。

千淘万漉虽辛苦，吹尽狂沙始到金。最近，我们公司组建了咨询事业部七部、上市并购部、组织绩效部，需要大量招聘优秀的财务咨询师。所以，这段时间比较集中地接触了许多来自世界500强企业的财务高管，在双方微信面试沟通过程中，大家不约而同地提出了这样一些疑问："行业内已有四大会计师事务所，还有那么多中小事务所，以及不少传统的财务咨询公司，为什么金财能脱颖而出，做到年营收上亿元？""金财的核心竞争力是什么？""金财的商业模式是什么？"……

在这里，我就统一解答一下。会计师事务所，通常只会依据会计准则与税法、证监会的要求，告诉老板："这事不能干，那事不能干！……"然而，这是中小民企老板所不能理解和接受的，老板大多会说："我真正需要的是怎么干，而不是什么不能干……"

更何况，四大及国内大型会计师事务所，年营收高达几十亿元，在审计领域已经忙得不亦乐乎，服务对象也以上市公司、大型国企、外资跨国公司等为主。一个主板上市公司，年报审计费就在200万~300万元，而且是常年连续收费。个别国内大所，虽然也成立了咨询部门，但近20年过去了，基本没有真正做起来。而中小型会计师事务所、税务师事务所，承接了许多地方型企业的审计与税务鉴证、评审业务，也没有太多精力与能力做系统的财务咨询工作。

并且，许多这类事务所有一个共同的特点——靠时间换钱。于是，他们主要以"工资较低的初级会计人员+合伙人"模式去服务客户。结果，合伙人一心都在找客户拉订单，大多由初级会计人员做实际工作，所以太复杂的财税咨询业务基本做不了。

大型国际咨询公司如麦肯锡、埃森哲、高盛等，动辄数千万元的咨询费，一般的民企也承担不起；国内的咨询公司，主要都在做战略规划、人力资源、企业文化、品牌策划等咨询，基本不涉及财务筹划、ERP咨询等业务。

创办金财之前，我曾经去一家位于中关村的大型国内咨询公司面试，应聘财务咨询事业部的合伙人，面试通过了并提供了体检报告，但最终我还是没去，因为感觉太身单力薄了。创立金财之后，我也多次尝试从其他咨询公司挖一些优秀的财务咨询师，一打听结果是："上千人的咨询公司，做财务咨询的只有三人，其中一位去了外企，另两位已经来了金财……"

舞动春秋"中国梦"，铸造民企"大财务"。财务强，则企业强；企业强，则中国强。如何让企业的财务更强大？历史的共同选择是，聘用"军师"——财务咨询师。

咨询行业需要工具与方法论，财务管理需要财务哲学与思想。民营企业区别于国有企业、上市公司，有其自己独特的财务诉求，如股权激励、独立核算、绩效考核、资本对接、企业传承等，无不需要强大财务的支撑。因此，金财2014年就提出了"大财务"概念，目前已被许多财税同行所认同并使用。完善中国民企的"大财务"理论体系，建立"大财务学派"思想，需要无数企业的实践积累与成果研究。财务咨询行业为这个梦想提供了财务方法与工具研究的极好土壤与环境，一边践行，一边总结，最终将实现财务人员的“中国梦”。

那么，在财务咨询方面，有哪些常见的问题呢？在这里，我也来分析一下。

第一，如何看待财务咨询行业？

财税领域，国家属于监管和定制度的一方，虽然也给企业赋能，但更多的是制定规则及要求；民营企业属于被监管和被约束的一方，想多赚钱、增加利润率、提高现金流、降低风险、提升效率，只能自己想办法。所以，打仗需要军师，民企老板也需要财税智囊。只要能对企业有所帮助，推动财务管理升级、践行“大财务”思想，能通过财务管控为企业开源节流增加利润，让企业变得又赚钱又值钱又长寿，应该没有老板是不需要的。

一个财务筹划方案，可能让企业节省上千万元；一个财务管控流程，可能为企业规避数百万元的资产损失；一个财务操作模型，可能减轻财务人员90%的工作量；一个绩效核算报表，可能激活几十个高管的潜力……

第二，为什么说做财务咨询师会上瘾？

人，需要通过赚钱生存，更需要被尊重与成就感。财务咨询师，就是一个收入较高、做得好也比较容易实现财务自由，并且能得到他人尊重与感恩的职业。每解决一个问题，每提供一个方案，都能得到企业老板、高管、财务人员的认可及感谢。攻克一个技术难点，成就感立刻爆棚。

我们有位财务咨询师说过一句话："在金财做咨询师，有三个'不完'——赚不完的钱，干不完的活，学不完的东西。"因为我们咨询师的行业经历与服务客户的行业存在差异，并且不同企业的管理思维也不同，总会碰到之前没有碰到的财务问题，白天做咨询，晚上要钻研新问题……累，并快乐着！

通常做三年以上财务咨询工作，就会有"上瘾"的感觉。所以，财务咨询师也是许多财务人员的职业终极目标。

第三，招聘财务咨询师有什么要求？

其实，就是四个字——高、干、说、爱。而且，这四个字也是许多企业招聘财务总监的要求。

什么是"高"？财务咨询师的服务对象首先是老板。与老板在饭桌上，在聊天中，在开会时，不可能聊太多专业问题，但会聊企业未来规划、经济趋势、产业布局、行业历史、哲学与方法论……所以，你要有与老板一样高度的战略思维，才能真正引导企业，才能建立老板对你的绝对信任。

什么是"干"？长期只会指挥属下动手，自己却从不动手的财务总监，是做不好财务咨询师的。企业总会有财务相关问题，如ERP的问题、财税筹划的问题、内控流程的问题，甚至一些看似非常简单的调报表的专业细节问题……都会被各种水平和层次的会计问到，不立刻解答，便无法推动财务系统的落地。

什么是“说”？不仅要会干，更要会说。几年前，在义乌给一个生产安全门的集团做财务咨询，老板娘反馈说咨询做了两个月了，没啥效果。我问集团财务总监，他却反馈说：“咨询师非常厉害！特别优秀！在财务体系构建方面做了非常多的改动及落地……”后来，我安排了一个会议，让集团财务总监和我派过去负责该项目的财务咨询师一起给老板娘做了个简单汇报，之后老板娘反馈道：“终于感受到咨询的收益了，这两个小时比过去两个月的收获还大！”所以说，及时汇报、及时沟通、价值塑造与呈现，往往是咨询成功的关键。

什么是“爱”？仅仅为了赚钱做财务咨询是做不长久的。在给企业带来价值与帮助并解决实际问题的同时赚点钱，才是正确的职业价值观。咨询师是爱的天使，不断给人帮助，不断给予爱、传递爱，自己也成了爱的化身，种下了爱与善的种子，自己收获幸福，家人与孩子也收获幸福；咨询师是小蜜蜂，给一家企业做咨询的同时，也学到了该企业的管理精髓，再带着积累的经验与上一家企业的管理精髓，去服务下一家企业……思考、奉献、付出、收获，周而复始，也一步步完成着自我的修行。

第四，成为一个优秀的财务咨询师要过哪几关？

第一关——智商关。从业第一年，总会碰到你不明白的问题，考验着你的学习能力、应变能力、资料检索能力……所以有人说，咨询行业是聪明人干的行业。

第二关——身体关。从业第二年，因为长期承受高压力工作，为了控制进度，或者准备第二天的咨询会议，白天要做访谈，晚上要熬夜写PPT、整理咨询方案与建议……所以，身体不好，精力不旺，还真吃不了这碗饭。

第三关——家庭关。从业第三年，因为经常出差，无法照顾家人、孩子，把时间和精力大都给了客户，回家时还要撰写文档或看书学习……所以，如果没有一个强大的后防线，没有避风的家庭港湾，很难走得长远。

咨询师如此，企业的财务也是如此；金财如是，企业也如是。建立数百人的咨询师团队，管控这些财务精英与大咖，不是一件容易的事情。2014 年春天，我带着五六个人创办的金财咨询，如今已发展为由 2000 多位员工、近 300 位财务咨询师组成的财务咨询公司。我们也经历过创业所有的痛，如精心培养的优秀员工离职、换帅、内耗、组织架构调整……因此，金财自己也需要做管理咨询，每年 200 万 ~300 万元的咨询开支成了常态，所幸内部强大的财务支撑及阿米巴核算体系，让金财规避了风险并茁壮成长了起来。凤凰涅槃后，终于获得了今天的小小成就，一步步成长为行业“领头羊”，以及民企财务咨询行业的“独角兽”。

无论如何，我们会一直在路上，走在老板的身边，陪伴中国民企成长，用革命般的意志继续奋斗！

第一章

财税思维：顶层设计是根

老板不懂财务的十大恶果

什么是财税思维？老板应该具备什么样的“财务观”？

有些老板认为，财务是财务人员的事情，跟自己没什么关系。实际上，真正的财务管理，首先是老板财务思维的管理。如果老板没有财务思维，企业是绝对不可能构建强大的财务体系的。

什么是财务管理？我问过无数个老板和资深财务总监，每个人都有不同的答案。在我看来，可以用一句比较通俗的话来理解财务管理：“钱流到哪里，我就管到哪里！”凡是用钱的地方，就是财务需要管的地方。

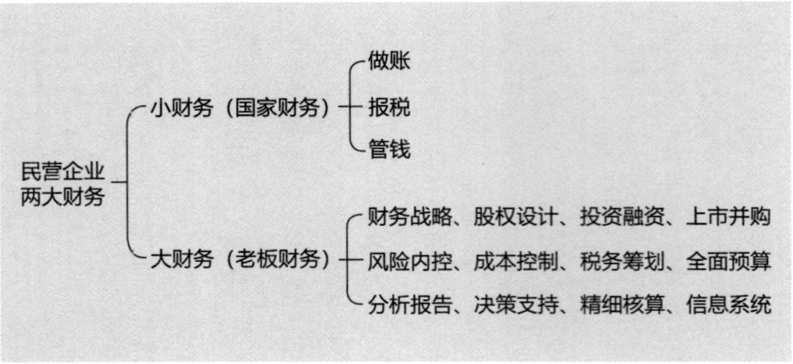

图 1-1　民营企业两大财务

如图 1-1 所示，民营企业的财务可以分成两个阶段，即“小财务”阶段和“大财务”阶段。“小财务”每天研究三件事：做账、报税和管钱。可以说，大部分民营企业的财务还只停留在这个阶段。而所谓的“大财务”的核心工作就是增加利润、降低风险、增加现金流。

如果老板只能管一个部门，那一定是财务部门！谁管财务，谁就是真正的老板。控制了财务，就控制了企业；控制了钱，就控制了一切。只要涉及经营问题，一定先从财务入手。

在二十多年的财务实战中，我见过太多民营企业的老板因为不懂财务，给企业带来了很多问题。常见的有资金损失、资金链断裂、财务漏洞、内部舞弊和腐败、内控漏洞等，更有甚者会给老板招致牢狱之灾。

接下来我们简单总结一下老板不懂财务会导致什么样的恶果。

1.账务数据混乱

在企业实际运营中，各种经营目标的制定都需要有真实准确的财务数据作为依据。有准确的财务数据，才能定好下一个目标，并依据数据对目标进行分解和实施。如果老板不重视财务管理，不知道财务真正的作用，就会导致糊涂账、两套账的产生，进而导致财务数据的混乱。

如果财务数据十分混乱，也就谈不上用财务数据指导企业管理。根据错误的数据召开的会议基本是无效会议，所做出的决策也有很大风险，据此进行的员工绩效考核也必定是有问题的。

因此，我常说一句话："无数据，不管理；无数据，不会议；无数据，不决策。"

另外，有些企业财务数据混乱并不是因为做两套账，而是因为老板不重视财务与业务的结合，两者之间严重脱节。老板不懂财务，业务部门给不出财务部门想要的数据，数据收集、采集都成了大问题，最后财务数据的真实性和准确性也就大打折扣了。

2. 利润薄如刀

企业经营的主要目的之一是盈利。利润率低，甚至没有利润，是令所有老板非常头疼的问题。

近年来，有些企业的利润率连年下滑，从 8%~9% 降至 2% 甚至更低。虽然这种下滑的原因包括产品制造成本上升、销售规模下降等，但更主要的是老板不懂财务，不懂得用财务的手段进行企业的管控，从而实现企业利润的增加。

3. 税务风险高

买卖发票、伪造单据、虚增成本、做两套账、偷税漏税……因为不懂财务，很多老板在处理税务问题时都做了想当然的选择，严重地威胁了民营企业的安全。

一般来说，导致老板坐牢的原因有三种：第一种，税务问题；第二种，生产安全事故；第三种，公司违法经营。后两者发生的概率还是比较低的，但每年都有老板因为各种各样的税务问题被判刑，这对民营企业老板来说是一个非常惨痛的教训。所以，老板如果想要降低企业和自身的风险，首先就要保证在税务上不出问题。

4.资金使用效率低

资金的使用效率低也是企业在经营中面临的一个比较大的问题。

一方面，大部分民营企业资金管理混乱，导致资金周转速度非常慢，应收账款多，存货也多。最后，这些企业不是被应收账款拖死，就是被存货压死。

另一方面，由于资金的周转速度慢，企业如果想要获得更大的营业额，就需要投入更多的资金。这时，企业最常使用的手段就是融资，而过低的资金使用效率也大大降低了融资的成功率，无法成功融到资金的企业最终就会慢慢走向死亡。

5.股权架构设计缺失

根据调查和研究，我发现大部分中小型民营企业走向失败的主要原因是忽视股权设计或股权设计不当。换句话说，是因为企业内部不规范，老板不具有财务思维。

股权架构设计缺失会导致什么后果呢？举个简单的例子，某老板成立了一家企业，每年的利润有 1000 万元，在缴纳25%的企业所得税之后，剩余的利润归入未分配利润。从表面上看，老板只要不将这部分利润拿走，就不用缴纳个人所得税。

但实际上，如果企业在某天处于注销、转让或上市等情境时，还是需要缴纳这笔税金的。老板如果能在企业创立初期就设计好股权架构，就可以避免一些税金的产生。

到目前为止，金财已经做了将近900个有关股权的咨询案，大多都是因为利益分配不均、权责利不明晰等产生的纠纷。老板财务知识不足导致股权架构设计和分配不当进而导致企业经营失败的现象很普遍。

6.财务人员管理困难

相对来说，财务部门是企业所有部门中最好管理的部门，财务人员也是最好管理的员工，因为他们愿意遵守规则，也愿意学习、上进。

但是事实上，老板由于不懂财务，不知道该如何与财务人员沟通交流；而老板想要了解什么数据，财务人员也不清楚。久而久之，财务部门在老板眼里就变得可有可无；财务人员兢兢业业、踏实肯干，却得不到老板的欣赏与肯定。

财务人员是企业的关键，管得好，就能成为老板的心腹和左膀右臂；而管不好，就会成为老板的心腹之患。最后投诉或举报老板的有可能就是财务人员。所以，如何管理好财务人员，也是老板必须正视的问题。

7. 历史遗留问题多

企业在财务不规范、不合规的经营过程中，产生了诸如两套账、个人卡流水过大、存货账实不符、大额其他应收款、大额其他应付款等历史遗留问题。这些问题如果得不到及时处理，就会变成企业的原罪，成为企业出事的导火索。

历史遗留问题给企业的发展带来了风险，留下了祸患。

8. 看不懂报表，提升业绩难

老板看不懂财务报表的一个主要原因是财务数据混乱。一年到底赚了多少钱？支出多少？借款多少？哪个产品赚钱？哪个产品赔钱？……报表看不懂，决策就无从做起，企业的业绩提升更是难上加难。

有的企业老板不懂财务，也不看财务报表，完全是靠拍脑袋做决策。我将这种管理方式称为“三拍管理”，即事前拍脑袋，事中拍胸脯，事后拍屁股。看不懂报表的老板，最后只能是靠感觉管理企业。众所周知，只靠感觉管理而没有数据化、标准化、信息化体系支撑的企业是做不大的。

9. 做事无预算

有些民营企业老板做事没有预算，想一出是一出，一拍脑袋想出一个主意就立即让员工执行，导致整个企业在运转过程中因为没有预算和规划而出现各种纰漏，这也是民营企业财务管理的重大问题。

“凡事预则立，不预则废”，预算管理是企业最重要的管理工具，是企业实现资源合理分配和战略发展的重要保障。

然而，中小型民营企业普遍没有推行全面预算管理，或者有预算也仅仅是费用预算，与战略目标没有关联。企业没有预算管理，财务上出现各种问题就在所难免。

10. 内控漏洞多

企业在管理的过程中，如果各项制度设计不到位，就会产生员工贪污、舞弊、腐败、职务侵占、挪用资金、吃回扣等一系列内控漏洞。

根据国际反舞弊协会的统计数据，内控损失约占企业营业额的 5% 左右。也就是说，如果一家企业一年有 1 亿元的收入，那它仅在内控方面的损失就有 500 万元。

在这里，我想问一下大家：是国有企业更容易产生腐败，还是民营企业更容易产生腐败？答案是民营企业。因为国有企业内部有各种监督机制，但是民营企业只有老板一个人监督，所以其在内控方面存在的问题更多。

懂财务让老板如虎添翼

老板不懂财务，会给企业带来一系列的经营问题，甚至会给老板招致牢狱之灾。但是，如果老板懂财务，会给企业带来什么好处呢？我总结了以下四点。

1. 打开管理“天眼”

什么叫作打开管理“天眼”？在了解了基本的财务知识以后，老板就能合理运用财务工具，这就相当于给自己打开了一只“天眼”。通过这只“天眼”，老板可以规避生产经营中的很多风险，无论是股权上的还是税务上的。

以会计核算、报表资料及其他相关资料为依据，老板通过财务分析，就可以掌握企业当下的盈利能力、营运能力、偿债能力和未来的增长能力，从而更好地做出投资、融资等经营决策。

不仅如此，老板充分利用财务工具还能发现企业很多经营问题和短板，既实现了降低成本、增加利润的经营目标，又能够通过财务监督，避免企业出现漏洞，约束有损企业利益的行为，防范企业发展过程中产生的内外风险。

管理=人+系统。管理要做到100分，要么人80分，系统20分；要么人20分，系统80分。系统越完善，越能够降低对人才的依赖。一个伟大的企业，往往是一流的管理系统+三流的人才，把公司建成铁打的营盘，员工变成流水的兵，甚至董事长不在公司都能照常运转……这才是一个真正健康的、有资本价值的公司。

企业家只有真正做到间接管理企业才能解放自己，前提是企业管理系统完善，并且自己能看懂财报。要间接管理企业，必然要授权，没有流程完善的授权，就等于弃权。只有建立完善的财务管理体系，才能做到真正的授权，才能够利润可“保”、运营可“表”、数据可“查”、问题可“现”、风险可“控”、未来可“期”。

2.真正驾驭财务

不管是大型企业还是中小企业，无论通过何种方式获得资金，都可以将其看作是自己的钱。这意味着老板将承担重大的财务风险。那么在财务人员的使用上，就要严格把关，寻找真正适合本企业的财务人员。

然而，老板由于不懂财务，不清楚要聘用什么样的财务人员，往往招聘来的财务人员都不怎么合适。有些财务人员只扫自家门前雪，只管把账算完，其余全部不管；有些财务人员做事过于保守，总是跟业务部门对着干；有些财务人员又太精明，公私不分，常常把财务工作当作人情来做。总之，老板想找一个合适的财务人员并不容易，最后很多时候不得不亲自管理财务。

拥有好的财务思维和丰富的财务经验的老板的第一个优点，就是知道自己要的是什么样的人才，这样就容易招到合适的员工；第二个优点就是可以把找到的财务人员用好。俗话说得好，千里马也要有伯乐。

而对于财务人员来说，他能否充分发挥自己的价值，其实取决于老板对财务的重视程度。找到好的财务人员，然后把他用好，企业的安全性就会提高，风险就会降低。老板自然就能通过财务管控使企业价值倍增。

3.用数据说话

所有的高管，都是为报表打工的；所有的经营行为与结果，都要通过数字方式来表达。报表，就是管理者的成绩单。

老板一旦懂了财务，就能够用财务思维来驱动整个企业，小到员工与员工之间、部门与部门之间的交流，大到企业经营策略的制定，都需要以具体的报表和数据为依据。

老板要做的，就是用财务的思维来“布道”，为企业创造先讲数据的文化氛围，让每一个员工都树立和养成“以数据说话”的理念与习惯。老板讲财务，那么企业就会人人讲财务。这样，企业在发展的过程中，就会少走很多弯路，之后的发展也会更加稳健。

经营制度化，制度流程化，流程数据化，数据IT化。数字化经营需要通过IT化，才能实现真正的落地。

唯有将企业经营管理过程通过IT手段固化在系统里，实现及时回馈的经营数据看板和经营分析，才能发挥数据驱动业务增长的最大价值，实现经营可量化、可追溯、可控制、可优化。

4. 善用资本加持

对于一个老板来讲，熟悉投资机构怎么从财务角度评估企业，对企业来说也很有帮助。

比如，互联网企业的核心可能是迅速做大流量，投资机构不关注其盈利，但是很看重企业的年均收入增长率，那对于这类企业来说，自然更应关注如何促进收入增长。

又如，自己的企业适合怎样的估值方法，有什么办法可以让企业的估值得到提升，这些都需要老板有一定财务知识的积累。

另外，老板如果具有财务思维，了解资本的运作方式，就能利用资本市场助力企业高速发展。可以说，不懂得利用资本市场的老板在发展企业时只能依靠自身积累，而懂得利用资本市场的老板则可以通过融资使企业腾飞。

如果我们将没有利用资本市场的企业的发展比喻为爬楼梯，那么利用资本市场的企业的发展就像是坐电梯或坐火箭。小米如果不是善于利用资本市场，就不可能在短短几年的时间内做到几百亿元的规模。

财务让企业更高效更值钱

很多人都有这样的疑问：财务到底是做什么的？有什么作用？财务会计能给企业解决什么问题？能给企业带来什么好处？

根据以上这些疑问，我总结了财务系统的四大作用、用财务分析企业的四大能力，以及财务管理的三大价值。

1.财务系统的四大作用

（1）及时掌控企业状况。

在正常发挥作用的情况下，财务系统可以监控企业的运行状态，发现企业的经营风险。例如，企业的现金流是否充足，有没有继续扩张的可能，面临倒闭的风险有多高，是否处于盈利状态，是否有偿还负债的能力，利润能否持续增长等。

（2）保护公司及个人安全。

这里说的安全不仅指公司在经营方面的安全，也包括老板、高管和财务人员个人的安全。这种安全体现在两个方面：一个是税，一个是负债。如果企业大量负债，负债率非常高，那么企业的安全肯定就会受影响。资不抵债的企业最终的结果必然是经营失败，破产倒闭。

（3）高效管理企业的工具。

企业的长远发展离不开管理，老板采用什么工具进行管理也是一个需要谨慎考虑的问题，特别是当企业发展到一定的规模时，财务就是老板管理企业的抓手。

怎么用财务工具管理企业？其实，简单的一张报表就能反映很多问题。通过报表数据，企业哪些地方要加强、哪些地方要削弱，哪些成本要增加、哪些成本要减少，一清二楚。如果一个老板不懂财务，那么他就算不上懂管理。因此，我们可以说，管理中 50%的工作都是财务管理工作。

（4）企业值钱的有力支撑。

企业不断发展，必定要面向资本市场。这时，财务就是企业对外自我表达的窗口。无论企业准备上市、融资，还是进行并购，企业的价值是重要的考量因素之一。准确的财务数据、真实的资产负债、可靠的财务分析、高效的商业模式、安全的税务筹划……企业到底值不值钱、值多少钱，都有赖于健全的财务系统。

2.用财务分析企业的四大能力

通过报表数据，可以分析企业的四大能力：还钱能力、赚钱能力、管理能力和增长能力（发展能力）。

（1）还钱能力。

企业想实现快速发展，就需要借钱、贷款来支撑。这时，我们需要分析企业的还钱能力。企业的还钱能力就是企业在正常经营周期中，以其现有资产偿还债务的能力，是反映企业财务状况和经营能力的重要标志。企业资产负债率越高，经营风险就越高；资产负债率过低，又说明企业过于保守，没有用好财务杠杆，没有最大化地发挥资金效用。表 1-1 为还钱能力分析表。

表 1-1 还钱能力分析表

项目	2021 年度			2022 年度			增长情况		
	公司	行业	偏离率	公司	行业	偏离率	公司	行业	偏离率
流动比率									
速动比率									
资产负债率									
负债权益比率									

（2）赚钱能力。

企业的赚钱能力体现在利润上，利润由两大块产生：一块是收入；另一块是成本。因此，我们如果要分析赚钱能力，就要分析利润情况；要分析利润情况，就要将其细化，分析收入和成本。例如企业的毛利率能不能高于 50%、净利润率能不能高于 20%。

企业的赚钱能力体现了企业的运行状态，赚钱能力越强，企业也就越安全。同时，利润指标也能很好地帮助老板来管控企业，赚钱能力强的企业也更容易上市。表 1-2 为赚钱能力分析表。

表 1-2 赚钱能力分析表

项目	2021 年度			2022 年度			增长情况		
	公司	行业	偏离率	公司	行业	偏离率	公司	行业	偏离率
毛利率									
净利润率									
净资产收益率									
成本费用利润率									

（3）管理能力。

一个企业管理得好不好、运营得好不好，与整个管理团队和管理系统，尤其是财务系统，有非常大的关系。

老板不仅要关注企业的制度流程、内控系统等，还要关注与管理相关的数据情报信息，比如资产周转的情况、应收账款周转的情况、存货周转的情况等。周转情况的好坏，反映的就是管理水平的高低，周转得越快，说明管理水平越高。表 1-3 为管理能力分析表。

表 1-3 管理能力分析表

项目	2021 年度			2022 年度			增长情况		
	公司	行业	偏离率	公司	行业	偏离率	公司	行业	偏离率
应收账款周转率									
存货周转率									
营业周期									
总资产周转率									

（4）增长能力（发展能力）。

发展能力主要看收入的增长比率。如果一家企业的销售额与利润额同步增长，那么说明这家企业的发展状况良好；如果企业的销售额在增长，利润反而下降了，那么说明企业经营出现了问题。在互联网行业，日活跃用户数量是衡量一家企业经营状况的重要指标。如果企业的日活跃用户数量能够保持稳定增长，那么它就会越来越值钱。表 1-4 为持续发展能力分析表。

表 1-4　持续发展能力分析表

项目	2021 年度			2022 年度			增长情况		
	公司	行业	偏离率	公司	行业	偏离率	公司	行业	偏离率
主营业务收入增长率									
净利润增长率									
资产保值增值率									
总资产增长率									

3. 财务管理的三大价值

很多人都会思考一个问题：财务管理的价值是什么？财务管理到底能够给企业带来哪些好处？我总结了六个字：赚钱、值钱、长寿，即财务管理的三大价值。这三大价值，也是我们金财的企业使命，即帮助 100 万家企业，更赚钱、更值钱、更长寿。

该怎么看待赚钱、值钱、长寿呢？

（1）赚钱。

关于企业赚钱有三个衡量指标：利润率、投资回报率和自由现金流。

怎么理解利润率？利润分为毛利润和净利润，毛利润就是收入减去进货成本等直接成本的利润，在此基础上减去税金等其他费用就是净利润。

怎么理解投资回报率？投资回报率也叫股东投资回报率或净资产收益率。一般来说，我们建议民营企业的投资回报率在 50% 以上，最少也要在 25%。投资回报率如果太低则说明企业经营效率太低，或者管理混乱。

那么，如何提高投资回报率？一方面应增加利润；另一方面应降低投资额，即降低本金，尽量不要去买大量的重资产，如设备、厂房等。

怎么理解自由现金流？举例来说，一家企业今年有 1 亿元的营收，去掉所有的成本和税金之后，还有 2000 万元的利润。这 2000 万元的利润可以任意花，甚至花完都没问题，第二年还可以再赚，这 2000 万元就是自由现金流。有的企业有利润，但是没有自由现金流；有的企业利润少，但自由现金流多。自由现金流比较强大的企业不需要再去融资，能靠自己的自由现金流迅速地完成扩张。

（2）值钱。

如何评估企业是否值钱？主要看两个方面：一看赚不赚钱，二看增长指标。

如果企业利润增长得非常快，那么说明企业是值钱的；如果企业的资金成本、资金成本率控制得非常好，增长速度又非常快，那么说明企业是非常值钱的。

也有个别企业没有利润，那就要综合各方面来分析判断企业是否值钱。例如，科研机构虽然盈利不多，但是其拥有的专利技术和用户特别多，它的值钱就体现在专利数量和用户数量的增长上。

（3）长寿。

从长寿角度来看，利润是公司持续存在和发展的根基。企业能存活多长时间，未来会不会转型，第二曲线、第三曲线如何打造，传承的问题怎么解决……这些都是老板需要思考的问题。

前几年，我请了一个管理顾问，那时金财的营业额只有 2 亿元。管理顾问说：张老师，我能够迅速把金财公司的营业额做到 10 亿元以上，您做不做？我问：有什么风险吗？他回答风险就是有可能快速地增长，但也有可能快速地跌下来。我说这种增长我不要，我宁可增长慢一点，但是增长上去了就不要跌下来，要稳健地增长。同时我希望企业能够存续几十年甚至上百年。企业要赚钱，但是更要持续地赚钱，而且是持续地赚越来越多的钱。

企业要想稳健发展，管理系统必须完善，管理系统越完善，企业就越不容易出问题。企业规模小，可以不用过于担心有风险；但当企业规模越做越大，营业额达到几十亿元甚至上百亿元时，就要注意产生风险的可能。

企业会不断发展变化，老板怎么应对这些变化？其实最重要的一点就是建立良好的企业文化。其他东西都会过时，但是文化会生生不息。

管理的七大系统建构

有老板问我，该怎么做才能提升自己的管理水平，做一个真正懂管理的掌舵人。我总结了一个管理框架，也叫管理的七大系统。

一家企业好比一个人，老板相当于人的头部，管控着整个公司的战略，也可以说，战略系统就像人的头部。产品系统，也可以叫研发系统或生产系统，就像人的身体。供应链系统和营销系统对应着人的两条腿，一买一卖，也非常重要。老板有了产品和买卖，企业就可以往前走了，但是在走的过程中逐渐发现，企业是不健全的——就像人如果没有手在高速飞奔的时候容易摔倒。

当一家企业年营业额超过3000万元时，就要建立人力资源系统和财务系统了。换言之，人力资源系统和财务系统就相当于老板的左膀右臂。

我们说很多企业重业务、轻管理，实际上重的就是产品、采购和销售，轻的是人力资源和财务。而这两个职能部门是企业生存与安全之本，能够让企业的业务部门更容易赚到钱。

老板如果想管理好企业，最需要抓的就是人力资源和财务。有一个山东的老板，他的父亲把企业交给他时，营业额只有 1 亿多元。后来，他找我寻求帮助，我建议他紧抓企业的财务和人力资源。现在，这家企业的营业额已经达到 6 亿~7 亿元了。

当然，企业在发展起来后，就如同一个人逐渐长大之后还需要一套体面的衣服，企业的“衣服”就是品牌文化系统。老板如果希望企业能够活得长久，还需要注重企业文化的建立。

有了以上七大系统，企业就成为一个完善的、真正的企业了。图 1-2 为企业管理的七大系统。需要特别强调的是，企业如果没有财务系统、人力资源系统和品牌

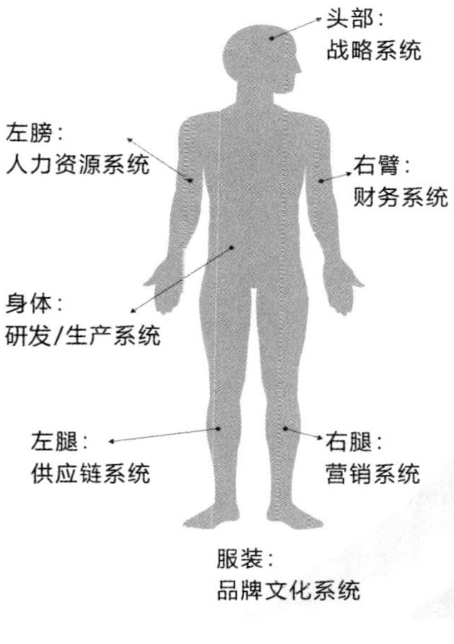

图 1-2　企业管理的七大系统

文化系统，那么，它将永远只是一个做不大的小企业。

据说，华为创始人任正非在企业只做四件事：战略的否定、干部的任免、管理财务和培育企业文化。

战略的否定。比如，华为坚决不进军房地产行业。曾经有华为的老员工不止一次向任正非提议进军房地产行业，但是都被任正非给否决了。他说：“习惯了挣快钱，就不会再想挣小钱了。”这就是华为专注的经营理念，这种专注的背后，就是将资金、人才、技术等各种资源集中到一个领域，瞄准既定的战略目标。

干部的任免。这是人力资源方面的问题，如某个干部到底能不能用，其能不能胜任交给他的工作等。

管理财务。任正非的女儿孟晚舟作为华为副董事长，管理整个公司的财务，从2007年开始至2015年结束的长达8年的财经变革，是支撑华为做大的一个关键。

培育企业文化。为全体员工树立华为能做什么、不能做什么的价值观。比如，绝不做房地产行业、绝不做重资产、绝不脱离通信信息产业等。

对于七大系统，老板如果有精力抓全部，就全部抓；如果精力不足，就重点抓战略、人力资源、财务、品牌文化四个系统；如果觉得这四个系统也太多，那么就专注于建立财务系统和人力资源系统，这两个系统是老板的左膀右臂，是老板管好整个企业的两大关键。

财务管控的十大核心

老板如果想要系统地学习财务，应从哪几个方面入手呢？

在财务实践的过程中，我总结了财务管控的十大核心模块（见图 1-3），以下给大家详细讲解一下。

财务管控的十大核心模块

- 财务战略：企业战略、组织
- 股权设计：架构、激励、融资
- 账务核算：采集、核算、分析
- 资金管理：应收账款、存货、安全、预测
- 税务管理：节税、风控、原罪
- 决策支持：经营数据分析
- 成本管控：降低成本、精益成本管控
- 风险内控：老板、财务、业务
- 预算管理：战略、目标、策略、资源、算账、执行
- 资本上市：上市、融资、做大

图 1-3 财务管控的十大核心模块

1. 财务战略

企业战略的制定是老板的工作，财务战略的管理却是财务的工作。财务战略，是匹配企业战略的。

老板定出什么样的企业战略，财务就要有相应的财务战略进行配合，并且把企业战略与预算管理结合起来，数字分解到每一种产品、每一个员工、每一个核算单元，最终形成经营企业的全套数据。

比如企业接下来的战略是大力扩张，那么财务战略就不能是收缩式的，也要进行相应的设计调整。另外，财务管控体制的匹配，企业财务组织、财务部门岗位职责的划分，都要有对应的财务战略。

企业是做大还是做强？什么做大？什么做强？

经营企业，做大做强，就是做三个角。第一个角是收入，也叫市场份额、市场占有率；第二个角是利润，也是盈利性；第三个角是现金，也是流动性。

企业什么时候要收入？什么时候要利润？什么时候要现金？考核什么，就得到什么，一切在于财务战略的设计。

2. 股权设计

主要是股权架构的设计。如企业如何用股权激励员工、如何用股权进行融资、如何用股权来做税收筹划。

没有一件值得干的事情，是可以一个人干成的。能否成就事业，就看你能否在同一时间、同一空间统一多少人的立场！你能把多少同一立场的人框进你设计的时间和空间内，你就能成就多大的事业。

君子先慎乎德。有德此有人，有人此有土，有土此有财，有财此有用。

占有 51% 的股份，就意味着你有了表决权，可以左右公司的重大决策；而占有 49% 的股份，你就只能对公司决策提出意见，没有最终决定权。

一个没有老大的企业，终将烟消云散。牛人太多，股权分散，没有绝对的控制权、没有实际控制人的企业也走不了多远。这种企业也没有资本价值，没有人愿意投资。

老板如何既分享利益，又能保持对企业的控制，这是需要设计的。只有通过股权架构的设计和公司章程的制定，才能实现对公司业务和财务的控制。

3. 账务核算

网络时代，经济转型，产业升级。野蛮赚钱的粗放经营已经成为过去，企业进入了精细化管理时代，开始抠利润、抠成本，靠周转赚钱。而精细化管理的前提是精细化的财务核算。

财务核算主要包括数据的采集、核算、分析。在进行股东分红时，绩效考核的指标从哪里来？怎样去分钱？无论企业是想做阿米巴，还是想做绩效考核，账是一切管理的基础。一个企业，如果连账和报表数据都是错的，如何精细化？无数据，不管理；无数据，不会议；无数据，不决策。

4.资金管理

主要指对应收账款、运营资金、存货资金的管理，另外还涉及资金的安全、资金的预测和内控等，需要通过资金日报表、现金流量表等各种报表来体现。

现金与利润，哪个更重要？利润相当于面包，现金相当于空气。没有面包还可以活几天，可是没有空气最多就活几分钟。这就是现金和利润的关系。

我们不能用利润买任何东西，只有用现金才可以。有利润，不一定有现金；没有利润，也不一定没有现金。一个企业活得怎么样、过得好不好，就得看“现金流量表”。

5.税务管理

这部分涉及税务筹划，如怎么做风控、怎么处理企业遗留的税务问题、怎么应对税务局的稽查等。

税是如何产生的？交易产生税，而不是财务部产生税。交易不同，税不同；交易地点不同，税不同；交易方式不同，税也不同。所以，税务筹划的本质是对交易进行规划。

税务筹划涉及合同与决策。合同已签，决策已定，企业的税收成本就已经确定。提前做规划，就是税务筹划；事后做，就是偷税。

在进行以下重大交易之前，一定要先做税务筹划：资本交易、股权转让、土地资产交易、投资融资、并购整合、债务重组、商业模式调整、重大合同签订等。

6. 决策支持

决策支持也可以叫财务分析。财务分析不仅包括对财务部或纯财务数据的分析，也包括对业务的分析，即对经营数据的分析。

通过财务分析，我们可以清楚地看出企业的各项能力如何，例如赚钱能力、还钱能力、管理能力、增长能力等。通过这些数据，来支持企业的各项决策。

7. 成本管控

成本是获取利润所作出的价值牺牲，是资源的耗费。成本是客户愿意支付的部分，客户不愿意支付的是损失、浪费、残次、低效和等待。控制成本是获得客户最有效的方法，损失与浪费是丢失客户的根源。

成本管控有三大法则，即固定成本变动化、变动成本订单化和三项费用客户化。

控制成本的技术，就是不断细化、量化与记录评价考核，通过分析成本以达到降低成本的目的。当然，成本不是越低越好。企业想要制定标准成本，就需要进行精细化成本的管控。

8.风险内控

主要包括老板内控、业务内控、财务内控，由老板驱动，由业财配合。治理结构，是管总裁以上的事情；内部控制，是管总裁以下的事情。

小企业，建立内控体系，是为了控制成本，减少“跑冒滴漏”。

中企业，完善内控体系，是为了降低风险，建立企业文化。

大企业，升级内控体系，是为了长治久安，活得更长寿。

通常，财务人员希望财务规范，但业务人员希望维持原状，不愿因建立内控影响效率。

怎么办？老板支持谁，谁就赢。支持财务，财务就规范；支持业务，财务就混乱。

所以说，老板的财务水平，决定企业的财务水平。财务出现问题的三大根源为：财务不懂业务；业务不懂财务；老板不重视财务。

财务与业务脱节，必然导致财务失去对业务的监控。于是成本上升、利润下降，存货增加、欠款增多，风险增大，甚至存在贪污腐败的可能，进而影响资金周转速度，降低企业的投资回报。

怎么办？只有进行财务业务一体化管控。如何一体化？建立一套完善的财务系统。

9.预算管理

前面几点都是针对企业过去的事，而预算是针对企业未来的事。企业的战略最终会转化成目标，为了实现这个目标，制定什么样的策略、如何分配资源，都需要进行预算管理。

预算用起来了，老板才是真正懂管理了，企业才是真正实现了数据化管控，而且会越走越安全、越走越健全。

10.资本上市

企业怎么上市、怎么融资、怎么做大、怎么传承，这些讲的就是怎么利用资本，来帮助企业进行扩张，以做大、做强、做值钱。

经营企业有三大杠杆：

一是市场杠杆，就是“玩”利润，“玩”产品与市场。不断开源节流，提升利润率，寻找利润空间。

二是管理杠杆，就是“玩”周转，“玩”财务和管理。不断加快周转速度，也就是加快赚钱的速度。

三是资本杠杆，就是“玩”财务杠杆，“玩”资金和债务。控制风险，用最少的钱，撬动最大的资金，借鸡生蛋，借钱赚钱。

总结起来，就是多赚、快赚、稳赚。

五步成为财务高手

一个真正的企业家，一定是半个财务专家；一个优秀的总经理，一定是个财务高手。那么，怎样才能快速成为懂财务的老板呢？我认为，要想成为财务高手，需要经历以下五个步骤。

1.看几本书

该看什么书呢？说句实在话，这十几年来，经常有人问我有什么零基础的人也能看得懂的财务入门书。我也推荐过几本，但每一本都不能令人完全满意。

为了满足老板对财务的需求，我决定写一本科普性的、通俗易懂的财务书，真正帮助零基础的老板搞懂财务。2016 年，我写的《老板财务管控必修课》出版了。

相比类似书籍，《老板财务管控必修课》非常适合没有财务基础的老板阅读。因为我在写这本书的时候，考虑最多的就是如何把复杂枯燥的财务问题讲得简单有趣，如何结合案例让其更加生动具体，能让老板学了就会，会了能用。

2.听六门课

不是自我推荐，而是从心底认为目前国内提升老板财务认知课程较好的就是我讲的《老板利润管控》《财务体系》《股权财务体系》《内控体系》《预算体系》和《资本财务体系》这六门。我认为，老板最好能把这六门课程系统地多听几遍。

我有一个山东德州的学员，是做太阳能的，他把我的每一门课都听了六遍。听完以后，他不仅在自己企业里默默落地、使用，还给德州学院的学生讲，给当地的一些企业家讲，讲的时候举的都是我课上举的例子。老板后来复训的时候跟我说："张老师，我听了六遍，但是每次听完的感悟都是不一样的，我再给别人讲一遍，讲得别人也听懂了，我才是真懂了。"

所以，他是一边落地，一边与别人分享，并在此过程中不断感悟、思考，把要点真正融入自己的骨子里，才是真正地懂了。

3.做三年咨询

孟晚舟作为华为的副董事长是管财务的，但她最开始学的并不是财务专业，后来因为在华为上班需要管财务，才在武汉进修后再次回到华为。

但是，对于很多高深的财务知识孟晚舟也搞不懂，任正非就给她请了一位财务顾问，孟晚舟有任何财务问题都可以咨询顾问。企业进行三年财务咨询，老板其实就等于给自己请了一个贴身的财务顾问，接受上门的专业辅导。

将这三年咨询细分，第一年是税务会计方向，第二年是财务会计方向，第三年是管理会计方向。这三年逐年夯实、提升，老板就逐步学会用财务管控企业，用财务工具和手段提升企业利润、降低经营风险、增加现金流。

如果老板看了相应的书、听了相应的课，又进行了三年的财务咨询，那么可以说财务已经成为老板的强项了。接下来老板就要将学到的知识应用于实际的经营活动。

4. 做上市公司

一家企业想要上市，最快也需要三年时间，如果通过并购的方式，时间可能会缩短至两年。

这期间，会计师事务所会对企业进行尽调，企业要根据上市要求做一系列的整改，对业务进行梳理，特别要注意企业的独立性、持续盈利能力等，可能还要进行上市过会的材料申报。

企业如果没有办法直接IPO，被上市公司并购也是个不错的选择。

企业想要上市，对企业财务、老板财务的要求就会更高一个层级。

当然，管理会计和上市是两个方向。管理会计是帮助企业更值钱、更赚钱、更有利润，管理更健全，而上市更多的是走资本方向。

5.参与资本博弈

当你的企业已经上市或被并购了，这时的你也有了一定的资本，就可以参与资本市场的博弈。比如，收购竞争对手，做横向或纵向的并购。

为了完成并购，企业还可以定向增发、重组，做股权投资，甚至为了财富的传承去做信托。

公司的有些业务能够直接合并，有些业务可能要拆分出去进行分立，这就涉及市值管理、股票套现。

老板甚至可以成立基金公司，一手抓基金，一手抓并购，把企业市值做得越来越大。当老板走到这一步时，财务已经成为其整个思考知识框架中的大头了，已经超越企业管理，进入资本市场的博弈了。

第二章

财务基础：让财务成为最强辅助

十分钟搞懂复式记账法

在我上学的时候，复式记账法就是一个学习的难点。我给别人讲课时也在思考：如何用十分钟讲明白复式记账法？

复式记账法是整个财务学科非常重要的理论基础，换句话说，没有复式记账法，企业是不可能成为世界500强的。

复式记账法是地中海商人在经商时，为了解决生意做大账务混乱、复杂等问题而发明的。意大利数学家卢卡·帕乔利将其记入了课本，他也因此被称为现代会计之父。

与复式记账相对应的是单式记账，单式记账其实就是流水账。很多企业在创业初期记的都是流水账，慢慢地，企业越做越大，流水账也就渐渐不适用了。

也就是说，企业如果想要做大，就必须使用复式记账法。

那么该怎样使用复式记账法呢？以下和大家分享一个案例。

每个学期，小明的爸妈都会给他零花钱。每收到或花出去一笔钱，小明都会在本子上记录下来。

比如，9月1日，妈妈给了小明2000元，阿姨给了小明1800元，外公给了小明3000元；9月2日，小明买书花了300元；9月3日，买衣服花了500元；9月4日，见女朋友花了300元；9月10日，买书花了200元，买衣服花了150元；9月11日，见女朋友花了130元……9月30日，小明又收到了勤工俭学的5000元。

表2-1 单式记账表

日期	来源	金额（元）
9月1日	妈妈给的	2000
9月1日	阿姨给的	1800
9月1日	外公给的	3000
9月2日	买书	300
9月3日	买衣服	500
9月4日	交友	300
9月10日	买书	200
9月10日	买衣服	150
9月11日	交友	130
……	……	……
9月30日	勤工俭学	5000

一个月下来，妈妈问小明花了多少钱买书，小明就把所有买书的钱加到一起，说一共花了500元。妈妈又问这学期买衣服花了多少钱，小明又把所有买衣服的钱勾出来计算，一共是650元。妈妈继续问交女朋友花了多少钱，这时小明又要重新计算交女朋友的花费。

大家看完觉得累不累？小明记的这是什么账？现金的流水账，也即单式记账（见表 2-1）。如果这时妈妈再问他总共买了多少本书、跟女朋友在一起花了多少钱、现在有多少件衣服，小明肯定答不出。所以单式记账法的特点就是每一笔支出都要重新计算。另外，这种账目没有具体的明细，不利于管理，可以说，这是单式记账法最大的弊端，所以采用这种记账方式的企业做不大。

在单式记账法的基础上进行改进，每一笔收入和支出都在两个地方记账，就是复式记账法。

同样是记账，一项是收入，画一个丁字形账户。如表 2-2 所示。将妈妈给的 2000 元、阿姨给的 1800 元、外公给的 3000 元和小明自己上学期间勤工俭学挣的 5000 元记在收入里。

表 2-2 复式记账法

（单位：元）

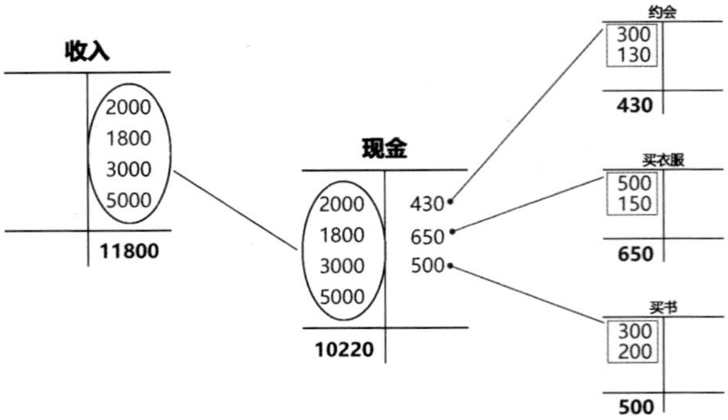

另一项是支出，同样画丁字形账户。左边是增加的

现金，右边是减少的现金。小明买书分别花了300元和200元，现金就减少500元；小明买衣服分别花了500元和150元，现金就减少650元；交女朋友分别花了300元和130元，现金就又减少了430元。

如果妈妈问小明9月一共收到多少钱，小明就可以拿个红笔在下面画一道线，沿着丁字形账户，把所有家人给的、自己赚的钱加起来，共11800元。用所有收到的钱减去花掉的钱，最后算下来就是余额。如果余额是在左边，就说明还有钱没花掉。买书花了多少钱？500元。买衣服花了多少钱？650元。交女朋友花了多少钱？430元。

这时所有的数据都是清晰的，不需要重复计算。左边是项目，右边是金额，这样做出来的表就叫报表。如表2-3所示。

表2-3 数据汇总表

项目	金额（元）
收入	11800
支出	1580
买书	500
买衣服	650
约会	430
余额	10220

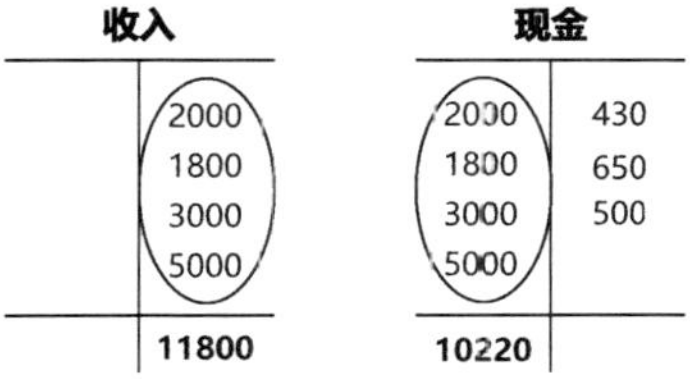

其实，财务数据是不容易出错的，因为记了左边就必须记右边，左边右边永远相等，一分钱对不上，财务人员都可能不下班不睡觉，要找出错在哪里。

老板明白了什么是复式记账，也就更加理解为什么财务人员会这么严谨，他的数据是从哪儿来的，也知道了财务报表背后的逻辑。

财务六要素及恒等式

我们在使用复式记账法时，对每一笔账都要在两个或两个以上的地方进行记录。我们把这两个或两个以上的地方取名为“会计账户”，也可以叫“会计科目”。

大家要知道，构成整个会计学说体系的是六个支柱，即会计的六大要素。这六大要素由两个恒等式组成：资产=负债+所有者权益（简称权益）；利润=收入-成本。

从公式“资产=负债+权益”可以衍生出一个报表，即资产负债表；从公式“利润=收入-成本”可以衍生出损益表，也叫利润表。

怎么理解“资产=负债+权益”呢？通俗来讲，就是“我的财富”等于借来的钱加自己的钱。假如你买了一栋价值为1000万元的房子，自己付了300万元，又在银行贷款了700万元。那么，你会说房子全是你的，还是说房子的30%是你的？肯定会说房子全是自己的。所以，房子就是你的财富，而其中有700万元是你借来的钱。

从某种角度讲，资产也叫资源。未来能够给你带来财富、收益和利润的资源，就是你的资产。如果你借来的钱太多了，比如1000万元里自己只出了1万元，剩下的999万元都是借的，那你的负债就太多了，负债率太高。负债率就是负债占资产的比例。

资产除以权益就是财务杠杆。在企业动态经营的过程中，收入有哪些，成本有哪些，最后收入减去所有的成本，就等于利润。

我们再回过头来看复式记账法。对每一笔业务，我们都可以从财务六要素的角度来进行记录。

举个例子，我接了一个咨询案，收了300万元的咨询费，我的收入因此增加了300万元。同时，我的资产也增加了300万元。如果我给咨询老师发放100万元的工资，那么我的资产就减少100万元，成本费用增加100万元。我再向银行贷款1000万元，我的负债就增加了1000万元，资产也增加了1000万元。如果这时有投资商给我投资1亿元，占我的股份，那么权益就是股东的钱，而我的资产又会增加1亿元。

这样，每一笔钱都可以在报表中体现。银行里的钱、应收账款是资产，存货是资产，固定资产也是资产。那么负债呢？有借银行的，有借供应商的，有欠税务局的，有欠员工的，有欠朋友的，都是负债。权益就是不同股东投的，包括赚了没有分的，都是权益。分门别类，收入按照不同的产品进行划分，成本按照不同的项目进行划分，账目就越来越细了。

但是，不管有多细，其背后的原理就是“资产=负债+权益”和“利润=收入-成本”。也就是说，老板要理解财务，看懂报表、看懂财务，就必须理解六要素和两个恒等式，因为这是原理中的原理、基本功中的基本功。

资本性支出与费用性支出

2021年夏天，北京一个物流公司老板托朋友找到我，在聊天时，老板跟我讲了一件事。

2015年，老板想买一块地，大概需要花5000万元，他那一年的利润正好是5000万元。

但是，那个时候他把财务一个非常重要的逻辑概念理解错了，就是资本性支出与费用性支出的问题。他一年有5000万元的利润，买地需要5000万元，他想买，但是没敢买，因为担心买地之后利润就直接变成0了。

所以，一直等到2018年他才买了这块地，但这时这块地的价格已经涨到1亿元了，相当于他损失了5000万元。

当我听到这件事情的时候就在想：如果老板不掌握财务的基本原理，不知道会给企业带来多大损失。

说到这里，我就想给大家讲一下资本性支出与费用性支出的区别。就拿这个老板的经历来说，如果我花5000万元买了一块土地，首先我的现金减少了5000万元，但同时我的账上也会增加无形资产，就是土地

5000万元。我的负债没有变，权益没有变，虽然现金减少了5000万元，但资产同时增加了5000万元，并没有影响利润。

所以，买土地的行为属于资本性支出。购买土地或设备等固定资产都属于资本性支出。如果我花钱研发出了一项专利技术，专利技术在账上是无形资产，也叫资本性支出。

什么是费用性支出？假设你请我吃了一顿饭，花了6000元，你的成本增加了6000元，同时你的现金减少了6000元。收入不变，成本增加，利润就减少6000元。所以，请我吃饭花的钱是费用性支出。

资本性支出和费用性支出可以作为会计核算过程中调节利润的工具。

比如，我现在投资做科研，到底应该把科研算入成本费用还是算进无形资产？科研投资花了100万元，如果全部归入成本费用，那么我的利润就下降了；如果这100万元科研投入最后形成一个专利，没有归入成本，而是直接归入无形资产，现金减少100万元，无形资产增加100万元，就不会影响利润。

再比如，你给员工的培训投入，是算进费用还是算进资产？如你花500万元做员工培训，做管理系统建设，做财务咨询。虽然培训是费用，但是这500万元中有400万元是用来做咨询的，形成了企业的管理模式、管理系统、管理软件，最后申请知识产权，又变成了无形资产。所以100万元进费用，400万元进资产，那你的利润就增加400万元。

列资本性支出还是费用性支出是财务调节利润和资产的一个方法，所以我常说财务的利润是可以“设计”出来的，包括应收账款、存货跌价等，这些都是资本性支出还是费用性支出的问题。

如果老板能理解这些概念，就不至于像那个物流公司老板一样造成利润损失了。

权责发生制与收付实现制

怎样理解权责发生制和收付实现制？我们先来看个例子。

一个财务人员来给老板汇报工作，兴高采烈地说这个月赚钱了。老板接过财务报表一看，这个月的收入是1000万元，成本是400万元，其他费用是200万元，最后利润是400万元。

老板看完报表之后觉得自己的财务人员怎么连账都算不明白。这个月哪里赚钱了，收入显示是0，因为钱根本就没到账。但是400万元的成本和200万元的其他费用是实实在在发生了的。老板心里想，我这个月明明是赔了600万元！

到了下个月，这个财务人员又来敲老板的门了，他哭丧着脸说，老板，这个月赔钱了。因为这个月的收入为0，成本也是0，但200万元的费用是必须支付的，所以这个月赔了200万元。

老板却很高兴，因为这个月有1000万元到账了，减掉200万元的费用，这个月还赚了800万元，哪里是赔钱了！

为什么财务人员跟老板对话不在一个频道上？到底是财务人员错了，还是老板错了？其实两个人都没错。因为财务依据的是权责发生制，老板依据的是收付实现制。

财政部的企业会计准则规定，做账必须遵循权责发生制。权责发生制是以权利和责任的发生来决定收入和费用归属期的一项原则，指凡是在本期内已经收到和已经发生或应当负担的一切费用，无论其款项是否收到或付出，都作为本期的收入和费用处理；反之，凡不属于本期的收入和费用，即使款项在本期收到或付出，也不应作为本期的收入和费用处理。

收付实现制是指在会计核算中，以款项是否已经收到或付出作为计算依据，来确定本期收入和费用的一种方法。凡在本期内实际收到或付出的一切款项，无论其发生时间早晚或是否应该由本期承担，均作为本期的收入和费用处理。

比如，老板在 6 月 1 日把货发给了客户，但是客户没有给老板打款，老板也没有给客户开票，老板就认为自己暂时不用缴税。结果税务局认定，按照权责发生制，货已经发出，企业已经取得收款和相关的单据了，所有权也转移了，成本也都算清楚了，是必须缴税的。

根据权责发生制做出来的报表有两个：一个是资产负债表，另一个是利润表。根据收付实现制，做出来的报表是现金流量表。也就是说，现金流量表与利润表为两种不同的记账方式。比如，发生了一笔应收账款，利润表中会将它记为收入；但是现金流量表中，因为应收账款没收到，就不能作为现金流入，只能等到现金真正进来的时候才算现金流入。因此，有些企业会通过调整收入确认的方式来调节报表，从而影响企业的经营管理。

比如，固定资产折旧。如果将折旧期从10年改为20年，成本由一年10万元变成一年5万元，这样成本少了，利润自然就高了。或者，将折旧期由30年改为5年，成本由一年折旧10万元改为一年折旧20万元，成本升高，利润自然就下降了。

有些老板偏向于收付实现制，更关注现金流量表。但财务记账为什么必须用权责发生制呢？我们来看个案例。

小明去参加相亲会，相亲时对方问他这个月赚了多少钱。假设小明1月的工资收入是税后2万元，但是他直接付了12个月的房租，共计12万元。

在面对这个问题时，小明就有两种回答方式：第一种，赔了10万元，为什么？小明的收入是2万元，支出是12万元，可不就是赔了10万元吗？如果小明这样回答，对方可能站起来就走了，相亲失败。第二种，赚了1万元，为什么？因为这12万元的房租是为全年付的，分摊之后就是每个月1万元。小明1月的收入是2万元，减去1万元的房租，所以这个月他赚了1万元。

权责发生制是依据持续经营和会计分期两个基本前提来正确划分不同会计期间资产、负债、收入、费用等会计要素的归属，并运用应收、应付、预提、待摊等项目来记录，由此形成资产和负债等会计要素。

企业经营不是一次而是持续的，而对损益的记录又要分期进行，每期的损益计算理应反映所有属于本期的真实经营业绩。因此，权责发生制能更加准确地反映特定会计期间实际的财务状况和经营成果。

在上述案例中，小明说自己赚了 1 万元没有错，说自己赔了 10 万元也没错。假如我们将这 12 个月的房租支出看作购买固定资产，如果采用收付实现制，固定资产直接进入成本，不存在折旧的问题；而权责发生制允许有折旧分摊，也承认欠条。

如果某企业一年的利润有 1000 万元，现在要拿出 20%给高管分红。如果依据权责发生制来计算，可以用来分红的金额就是 200 万元。但实际上，在这 1000 万元的利润中，有 300 万元的应收账款、100 万元的应付账款，减去这两部分费用，才是最后真正能用来给高管分红的利润，即 600 万元。600 万元乘以 20%就是 120 万元。

所以，企业在分红时应注意，依据权责发生制计算出的利润需要根据收付实现制做一些调整，最后才形成高管的分红。

如何理解历史成本原则

什么叫历史成本原则？与历史成本对应的还有两个成本：一个是重置成本，一个是公允成本。企业记账基本上都在使用历史成本。

什么叫历史成本？比如，我在10年前买了一台设备，买的时候花了10万元，那么在我的账上显示的成本就是10万元。过去了很多年，账上显示的成本还是10万元。再如，我在20年前花1000万元买了一套房子，这栋房子在我账上一直记的是1000万元。减去折旧部分，剩下的部分就是我的净值，即固定资产净值。以上就是历史成本。

我讲个事例，大家就更容易理解历史成本了。

很多学校都有图书馆，我上学的时候，图书馆有一个规定，就是书丢了的话要按书本身价格的10倍赔偿。有一段时间学校的图书管理员总是反映学生把书弄丢，有些书还越管理越少了。虽然弄丢书的同学也按照规定赔付了，甚至学校还给了一些同学警告，但是这样的现象依然层出不穷，为什么？

后来学校调查发现，少了的书很多都是绝版书和插图比较丰富的书。其实是有的同学借来看了之后爱不释手，但是当时复印店并不普及，也没办法把书里的图画全部手抄下来，就动起了歪心思。这些图书的定价多是9分钱或1毛5分钱，即便按照10倍的标准赔偿，也比在外面买一本新书要划算。所以，就有同学故意把书“弄丢了”，然后去交罚款。

于是，图书馆变更了规定：如果把书弄丢，就要按照书价至少20倍赔付。这样一来，靠交罚款换书就不划算了，图书馆里“丢”的书就明显减少了。

20世纪50年代，如果花费100万元买地、盖楼就是投入巨款了。但随着时间推移和不断折旧，现在已经不剩什么了，这时采用历史成本原则记账。大家想一想，我们购买固定资产，如果每个月按市场价调账是不现实的。

但是，在国有企业改革时，出现了MBO，即管理层收购。如果采用历史成本原则记账，一个公司可能也就价值2000万元，厂长可以联合员工借款将工厂买下来，之后再拿工厂作为抵押去银行贷款。于是出现了很多问题，很多国有企业被“贱卖”。

所以，在2008年国家推出了新的会计准则，即加入按照公允成本价值进行计量的规定。假如厂房当时是花100万元买的，但是现在它的价值已经达到10亿元，那就可以在账上做一些调整。或者，在出售时就应该调整为公允价值。公允价值就是公共都认可的价格，也就是市场价格。

还有一个概念为“重置成本”，简单理解就是我再买同样的东西要花多少钱。

老板一定要明确历史成本和公允价值的区别，在做决策时，有时还需要考虑公允成本，而不只是历史成本。

财务的四大基本假设

众所周知，要想建构一个完整的学科，必须设立前提，就是假设，然后基于这些假设来探讨问题。财务也有四大基本假设，设立四大假设，会计才能够真正成为一个理论体系完备的学科。

1.会计主体

有的企业下属有很多公司，每个公司在国家市场监督管理总局都有注册，在国家市场监督管理总局注册的每一个有限公司就叫法律主体。

法律主体跟会计主体在大多数情况下是一一对应的，但是也有相当多的情况下是不对应的，会计主体的范围有可能比法律主体大。

一个法律主体肯定是一个会计主体，但是也有可能一家公司里分不同的事业部并独立核算，每个事业部都有一套账，一个事业部就是一个会计主体。也有的集团公司下属十几家公司，但是所有公司合成一套账；也就是说，虽然每家公司在国家市场监督管理总局是单独注册的，但是在内部视同一个事业部来经营。

如果没有会计主体，你给谁记账？你又是在给谁出报表？所以，对于我们来说，会计主体不能弄错，就像我们不能拿A公司的账到B公司报销。

我有一个客户，他的公司总部在大连，在北京设立了一家销售公司，这家销售公司的利润不高，缴的税也不多，老板就把一些费用拿到大连去报销，导致大连公司的利润降低，利润降低税不就少缴了吗？实际上，他混淆了会计主体和法律主体，这样做是不对的。

2.持续经营

什么是持续经营？如果我以公司名义购买了一辆汽车，正常情况下，一辆车开8年、10年没有问题。假设我花了50万元，按照10年计提折旧，每一年的折旧金额就是5万元。那么持续经营是什么呢？是假设我的公司能够存活10年。如果我预知公司会在3年后倒闭，那我肯定不能按10年来进行折旧，不然就可能出现公司已经倒闭了但是折旧还没完成的情况。

如果某人在注册公司前就想好，只经营3年就注销公司，那么大家想象一下，他买一辆汽车，按多久来折旧？按3年来折旧？这不叫持续经营，而是有限期的。但是基本上财务记账都默认所有企业都是持续经营的，除非有明确注销的日期。

因此，哪怕你的企业可能干几年就倒闭了，你也还是需要按照持续经营的假设来提折旧进行分摊。否则，折旧的概念就不存在了。

3. 会计分期

会计分期指的是将一个企业持续经营的经济活动划分为一个个连续的、长短相同的期间，以便分期结算账目和编制财务会计报告。如果不分期，一个企业从创立到倒闭都是一个期间，那么赚多少、亏多少无法计算，员工工资等也无法确定。

由于设定了会计期间，会计核算必然要解决企业收入和费用属于哪一个会计期间的问题。在某一特定时期内，一家企业各项收入和费用的发生与现金的实际收入和支出并不是完全一致的。例如，固定资产耗用等原因引起折旧费用的发生，却没有现金的流出。处理此类业务，遵循两种不同的会计处理原则，即收付实现制和权责发生制。

会计期间假设是持续经营假设的必然结果。为了使会计报表使用者能够定期、及时地了解企业的财务状况和经营成果，就要人为地划分连续经营活动，以便定期进行结算、汇总、报告和评价。会计期间假设是正确计算损益的前提，利润总额、收入、费用等会计概念都是以“时期”为前提的。

4. 货币计量

大家想象一下，如果不用货币计量，种地的说我有多少大米，我有多少小麦；养鱼的说我有多少鱼，我有多少海鲜……那么交易就完全混乱了，根本无法进行下去。

不管你是生产工业品，还是生产农产品，或者提供什么服务，最终都要用统一的标准计量。商品值多少钱，服务值多少钱，都以货币形式来计量。这样，全国甚至全世界的所有企业生产的所有产品，都可以进行价格上的比较，这就是货币计量。

如果不用货币计量，去银行贷款、税务局缴税都无法进行，也无法统计报表。

实际交易中是用人民币计量，还是用美元、用欧元计量呢？国内企业一般用人民币计量，一些外资企业或者出口企业，可能会以人民币为主，同时以美元为辅来进行计量，又或者企业单独有一个美元账户，但最后也要折算成人民币计量。

财务核算的八大原则

我们在做账的时候，该怎么把控一些边界问题？在有些模糊地带应该坚持什么原则？财务核算的八大原则解答了上述问题。

1. 可靠性原则

什么叫可靠性原则？就是企业应当以实际发生的交易或事项为依据进行确认、计量和报告，如实反映符合确认和计量要求的各项会计要素及其他相关信息，保证会计信息真实可靠、内容完整。

也就是说，财务人员在做账时，要有足够的依据：账要不要记，有没有依据？有没有原始凭证？有没有原始发票？同时，这种记录应是如实的、客观的，不能掺杂任何个人情绪。说得简单一点，就是财务人员不能根据猜测或预期来制作报表，要拿实际的证据说话。

2. 相关性原则

相关性原则要求财务人员提供的信息应当与企业的经济决策需要相关，有助于老板和投资者对企业过去、现在或未来的情况做出评价或预测。

比如，老板想要看房地产公司的报表，财务人员就不能提供工程公司的报表；老板想看工程公司的成本，财务人员就不能把房地产公司的成本报上去。

同时，相关性还表现在配比性上。比如，你卖的是笔，就拿笔的提成；卖的是笔记本电脑，就拿笔记本电脑的提成。盖厂房的费用，就要计入固定资产——厂房；请客吃饭的费用，就只能计入管理费用或招待费用。

3.可比性原则

可比性原则又分为纵向可比和横向可比。

纵向可比指同一个企业不同时期发生的相同或相似的交易或事项，应采用一致的会计政策，不得随意更改。

横向可比指不同企业同一会计期间发生的相同或相似的交易或事项，应当遵循统一规定的会计政策，确保会计信息口径一致、相互可比，以使不同企业按照一致的确认、计量和报告要求提供有关会计信息。

比如，上年售卖笔记本电脑，键盘、鼠标等外设的销售收入也计入笔记本电脑的销售收入。但今年，这些外设的收入单独计算，不再计入笔记本电脑的销售收入。因此，上年与今年的笔记本销售收入就无法直接进行对比，因为口径不一致。

4. 可理解性原则

可理解性原则要求企业报送的报表清晰明了，容易理解和使用。

财务人员做了好几张报表，老板看不懂，业务人员不认可，这样做出来的绩效考核一定是失败的。财务人员提供给老板的数据和报表一定要是可理解的。如果财务人员都无法理解自己做出来的报表，那么报表再多也是没有用处的。

5. 重要性原则

重要性原则要求企业提供的会计信息应当反映所有与企业财务状况、经营成果和现金流量有关的重要交易或事项。

10 万元、20 万元的存货是不会影响一个年营业额上亿元的企业的，因为对这样的企业来说，10 万元、20 万元的存货占的比例太小了，企业还不如重点关注自身固定资产过多的问题。而对于一个年营业额只有 100 万元的小企业来说，10 万元的存货就是大问题了，必须抓紧解决。

重要性原则也是告诉我们要抓大放小，不要太过关注不影响大势的东西。财务人员一分钱对不上，一个通宵不睡都得把那一分钱找出来。但其实财务人员关心的不是那一分钱的问题，关心的是背后的原因，找出原因比钱更加重要。

6. 及时性原则

及时性原则要求企业对于已经发生的交易或事项，应当及时进行确认、计量和报告，不得提前或延后。

企业既不能提前预计要赚钱，提前两个月做出利润报表，用即将产生的利润来分红；也不能太过滞后，一个报表 5 年才做出来。

当然，对于怎么样才算及时，不同的人有不同的接受程度。税务局一年做一次汇算清缴。上市公司最好半年有半年报，季度有季报，年度有年报。但有的老板恨不得每天有日报表，每周有周报表，每旬有旬报表，每月有月报表，这也是情有可原的。因为做管理就是越及时越好调整，即便走弯路了，也能及时调整方向。

7. 谨慎性原则

谨慎性原则要求企业对交易或事项进行会计确认、计量和报告时要保持应有的谨慎，不应高估资产或收益，低估负债或费用。

谨慎体现在什么方面呢？比如，我的收入还没有到账，但是成本大概是要花掉的，我就把费用计入成本。再比如，我有个官司要打，提前询问律师了解到败诉的概率特别大，那就提前把打官司的损失计入负债。这就叫谨慎性。

8. 实质重于形式原则

实质重于形式原则要求企业按照交易或事项的经济实质进行会计确认、计量和报告，不仅仅以交易或事项的法律形式为依据。

对于财务人员来说，要判断到底是以形式还是以实质为依据。

比如，很多人为了买房去假离婚，离婚证办好了，财产也分割好了，但两个人还是住在一起。按法律来说，他们已经离婚了；但实际上，他们还是住在一起，以夫妻的形式生活。

又如，有的老板想把公司卖掉。卖之前，他想把利润做高，于是就把货发给经销商以获取收入。但是私下老板又和经销商签订协议，约定在三个月后退货退款。这样，形式上老板是完成销售收入产生利润，但实质上不是。

还有一个典型的例子，即融资租赁。什么是融资租赁？假如现在我想要买一个大型挖土机，可能需要花几十万上百万元，但是我拿不出这么多钱，于是就找了一个金融机构，由其出钱购买给我使用，金融机构拥有设备的所有权，我只拥有使用权。每年我要给金融机构10万元或20万元使用费，5年之后设备就归我了。表面上设备是我从金融机构那里租来的，实际上就是我要买设备，通过金融机构完成了一次融资。这也叫实质重于形式。

再如，某公司在一个高税收国家运营，老板想要通过“关联企业交易”的方式降低公司的税收负担，于是在一个低税收国家成立一家子公司，并将高税收国家的业务转移到该子公司进行管理。在法律和税务规定上，这种交易方式是被允许的。公司可以合理地转移资产和负债，在两个国家的税务政策下受到合理的对待。

然而在实际操作中，这种交易方式可能会受到税务机构的质疑。如果税务机构认为该公司仅仅是为了避税而采取这种交易方式，而且在实际经营中并没有真正的经济实质，那么公司将可能面临高额的罚款并补缴税款，由此遭受巨大的经济和信誉损失。因此，在这种情况下实质重于形式原则就非常重要。

财务部门需要深入了解公司的税务筹划和财务状况，评估交易方式的实质影响，并选择最优方式减少税收负担，以确保公司的财务稳定和长期发展。

第三章

财务报表：看懂数据，做对决策

三大报表的逻辑与关系

财务基本功里有一个绕不开的问题，就是三大报表的问题。我经常和老板聊天说开车需要考驾驶执照，老板管理企业也需要考“执照”，或者叫“老板上岗资格证”，其中一个必考内容就是三大报表。下面我们来谈谈三大报表的关系。

三大报表指的是资产负债表、现金流量表和利润表。

资产负债表是由公式“资产=负债+所有者权益”衍生出的一张表。在资产负债表的左上角有一个科目叫作货币资金，就是钱，从这一项衍生出现金流量表。资产负债表的右下角有一个科目叫作未分配利润，科目展开就形成了利润表，也称为损益表。也就是说，现金流量表和利润表实际上是资产负债表中两个数据的衍生，所以也有人把资产负债表叫作主表。

在经营管理中，现金流量表用得最多，老板也往往更关心这张表。通过现金流量表，老板可以看出企业的净流量，因此这张表就显得更加重要。但是，财务人员做报表通常是做资产负债表和利润表，可能一年才做一次现金流量表。

有些老板看不懂报表，也不明白为什么自己要看三张报表。前面我们提到，现金流量表和利润表是由资产负债表的两个数据衍生出来的。因此，有的老板又产生了新的困惑：这三张报表一定要分开看吗？能不能把它们的内容都整合在一张表上呢？

我给大家举个例子来说明。我们可以将相亲的过程看作审计的过程，双方第一次见面时聊的那些话题虽然在形式上有所差异，但本质上都是三张报表上的内容：你买房了没有？买车了没有？一个月工资多少？有没有借钱？有没有贷款？……所以我经常开玩笑说，相亲见面的时候，应该先看完报表再张口说话。

什么叫有钱？有人说是存款多、房子多、工资高。我认为，“既有流量，又有存量”才算得上是有钱。对于一个人来说，什么是“存量”呢？存款、房子、车子、土地等。什么是“流量”呢？工资、奖金、提成、分红等。

一个人如果只有“流量”没有“存量”，一般被称为月光族，没有存下什么家底；一个人如果只有“存量”没有“流量”，那最终也会坐吃山空。所以真正的有钱一定是既有存量，又有流量。

判断一个人是否有钱，要看他是否“既有流量，又有存量”。这句话对企业也适用，这也是老板要关注三大报表的原因：资产负债表反映的是企业的“存量”，利润表和现金流量表反映的是企业的“流量”。

举个例子，资产负债表就相当于一张照片，记录的是某一个时刻。就像你拿着一张60年前的照片来相亲，照片里的人很帅，但其实他现在已经白发苍苍了。20年前或60年前你有多少房子、存款、土地，不代表着现在还有这么多。资产负债表记录的是一个时点数，是12月31日的，还是11月31日的？每个时点的资产负债表是不一样的。

利润表反映的是某一时期的利润，比如你的工资，是一个月的工资，是一年的工资，还是五年的工资？你的奖金分红，是每月的分红，还是五年的分红？我们可以把利润表和现金流量表看作是两段录像，比如1月的利润表反映的就是1月1日到1月31日这段时间的利润情况。

资产负债表是一张照片，现金流量表和利润表是两段录像，三者共同反映企业的“存量”和“流量”。

我给这三大报表分别起了外号，资产负债表叫“底子”，利润表叫“面子”，现金流量表叫“日子”。图3-1为财务数据三大报表。

为什么把资产负债表叫“底子”呢？我的江西老家有一个传统习俗，在结婚或订婚之前，女方家人要到男方家里探探虚实，看看男方家底雄不雄厚，俗话叫“查家史”。上大学学了财务以后，我发现这和尽职调查很类似。

把利润叫作“面子”，因为有利润就有面子，亏损了当然没面子了。一家公司面子不行，就是利润不行。有的上市公司在利润不行的时候，就会想各种方法。

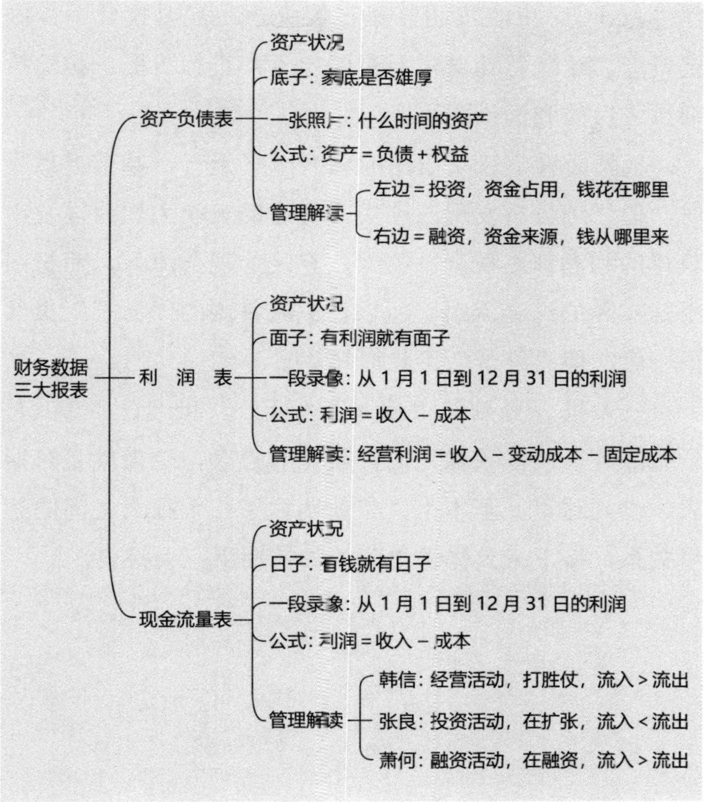

图 3-1　财务数据三大报表

例如，本年度 12 月买的设备尽量不开支、不签合同，尽量延迟到下年度的 1 月；下年度 1 月的收入，先与客户谈好，放到本年度的 12 月提前确认。这样做的目的是提高本年度的收入、降低本年度的成本，让年度报表的利润好看一点，俗称“粉饰报表”。

但是光有“面子”还不行，还要看“日子”好不好过。有钱，“日子”就好过，所以，我把现金流量表叫作“日子”。三峡集团修建三峡大坝，需要投资不少固定资产，这就意味着需要对固定资产进行折旧，扣除折旧额之后的利润所剩不多。

从表面看，三峡集团的利润平平无奇，甚至捉襟见肘，但仔细分析发现三峡集团修建的三峡大坝通过发电获得的利润都是现金。收入是充足的现金流入，而折旧不是实际的现金流出，所以，三峡集团的“面子”虽然很一般，但“日子”可想而知。

三大报表分别是“底子”“面子”和“日子”；是一张照片、两段录像，照片就是时点表，录像就是时期表。讲到这里，基本上大家就明白了三大报表之间的逻辑关系，接下来具体讲讲应该如何使用三大报表。

一眼看透资产负债表

资产负债表是三大报表中最核心的一个表。公式“资产=负债+所有者权益”构成资产负债表的三大块：资产、负债和所有者权益。负债加权益一定等于资产，否则，说明这张资产负债表存在错误。

那么，资产是什么？资产简称为“我的财富”，即借来的钱加上自己的钱，也就是说，自己的钱就是权益，借来的钱就是负债。一张标准的企业资产负债表如表 3-1 所示。

表 3-1 标准的企业资产负债表

单位：元

资产	期末余额	上年年末余额	负债和所有者权益（或股东权益）	期末余额	上年年末余额
流动资产：			**流动负债：**		
货币资金			短期借款		
交易性金融资产			交易性金融负债		
衍生金融资产			衍生金融负债		
应收票据			应付票据		
应收账款			应付账款		
应收款项融资			预收款项		

（续表）

资产	期末余额	上年年末余额	负债和所有者权益（或股东权益）	期末余额	上年年末余额
预付款项			合同负债		
其他应收款			应付职工薪酬		
存货			应交税费		
合同资产			其他应付款		
持有待售资产			持有待售负债		
一年内到期的非流动资产			一年内到期的非流动负债		
其他流动资产			其他流动负债		
流动资产合计			**流动负债合计**		
非流动资产：			**非流动负债：**		
债权投资			长期借款		
其他债权投资			应付债券		
长期应收款			其中：优先股		
长期股权投资			永续债		
其他权益工具投资			租赁负债		
其他非流动金融资产			长期应付款		
投资性房地产			预计负债		
固定资产			递延收益		
累计折旧			递延所得税负债		
在建工程			其他非流动负债		
工程物资			**非流动负债合计**		
固定资产清理			**负债合计**		
生产性生物资产			所有者权益（或股东权益）：		
油气资产			实收资本（或股本）		
使用权资产			其他权益工具		
无形资产			其中：优先股		
累计摊销			永续债		
开发支出			资本公积		
商誉			减：库存股		

（续表）

资产	期末余额	上年年末余额	负债和所有者权益（或股东权益）	期末余额	上年年末余额
长期待摊费用			其他综合收益		
递延所得税资产			专项储备		
其他非流动资产			盈余公积		
非流动资产合计			未分配利润		
			所有者权益（或股东权益）合计		
资产总计			**负债和所有者权益（或股东权益）总计**		

我们将资产负债表进行分解。

资产。资产整体可以分为两大类：一类是流动资产，另一类是固定资产，也可以叫作长期资产。资产是流动的还是固定的取决于其能不能迅速变现。存在银行的存款，取出来就可以直接用，是流动资产；拥有的房子，变现还需要走一系列的流程，是固定资产。

固定资产要花时间变成现金，而流动资产可以快速变成现金。在编制资产负债表时，我们根据资产的变现速度来进行排序，变现最快的放前面，变现最慢的放后面。所以，整个资产负债表中，大家看到的第一个细分科目是货币资金，即存款。

长期资产包括长期投资、固定资产、无形资产、递延资产和其他长期资产。我们对下属公司投资 1000 万元，这笔支出就可以看作是长期投资。

以家庭为例，家里的存款，可以叫货币资金。除了存款，还有我们借给别人的钱，也就是应收账款，或者叫其他应收款。还有什么呢？比如我家里的书，对我来说就是存货；我的房子、车子等就是我的固定资产；我在金财的股份，也就是长期投资。当然，我写的书、申请的专利是我的无形资产。

企业和家庭类似。对于一个企业来说，资产负债表左边的资产，就是企业的所有财产，包括在银行存的钱、欠款、存货、固定资产、投资、无形资产……这些都叫资产。

负债。从欠钱的对象分析，“欠银行的”叫短期借款或长期借款；“欠供应商的”叫应付账款；“欠客户的”叫预收账款；“欠员工的”叫应付职工薪酬；“欠国家的”叫应交税金；“欠朋友的”叫其他应付款。当然，有些“欠股东的”也会挂在其他应付款里，所以，负债里就包含了“欠谁的，欠多少”。

所有者权益。一是“自己投的”，“准则”把它称作“实收资本”，上市公司把它称作“股本”。二是“赚了没分的”，即“未分配利润”，比如赚了2000万元利润，但是只分了800万元，没分的1200万元就是“未分配利润”。三是“盈余公积”，如果我们从所赚的2000万元利润中拿出200万元用于扩大生产规模，这200万元就叫作“盈余公积”。四是资本公积，假如我跟朋友合资成立公司，最初各自拿出100万元的资金，各占股50%，经营一段时间以后，有人投资1000万元，如果他不占股份，这笔资金就是我的负债；如果他占股10%，其中的溢价部分，就是资本公积。

实收资本、资本公积、盈余公积、未分配利润，就是资产负债表的四大权益。

我们如何看资产负债表？

第一，看资产规模。比如，甲公司资产是100万元，负债加上权益是100万元；乙公司资产是50亿元，负债是51亿元，权益为-1亿元。大家想一下，这两家公司哪一家更好？

现在会计师事务所都是按照企业资产的一定比例来收取审计费用。资产规模是衡量企业的重要指标。如同我们在相亲时，是找资产规模100亿元的，还是找资产规模100万元的，或是找资产规模100元的？

第二，看资产结构。资产负债率是衡量资产结构是否合理的指标：资产负债率=负债/资产。通常情况下，资产负债率为30%~70%。如果低于30%，说明企业过于保守，不敢利用负债进行融资；如果在70%以上，甚至达到80%~90%，说明企业过于冒险，杠杆高，风险大，容易出现资不抵债的情况。假设一家企业的资产规模是1亿元，其中包含负债4000万元、权益6000万元，负债占整体资产的40%，结构相对来说就是合理的。

但是不同行业的标准是不一样的，如银行业的负债率肯定要高于其他行业。房地产行业的负债率也比较高，在计算房地产行业的负债率时，一定要先扣除预收部分，预收部分虽然是负债，但其实它是已经等待实现的销售收入。

在制造业企业的资产结构中，长期资产不要超过

40%，流动资产最好在60%以上。如果企业长期资产过多，流动资产过少，所有的钱都转化为厂房、设备等固定资产，没有预留出打广告、发工资等流动资金，就得不偿失了。

我们进一步可将流动资产细分为速动资产和剩余部分。我们建议，速动资产最好占流动资产的60%以上，这样企业的运营就比较安全。

第三，看资产质量。什么叫资产质量？举个例子，假如我有3000万元存货，账面价值有3000万元。但实际上存货却是20年前流行的BB机、手机，由于现在已经没有人愿意购买这些产品了，这些存货价值极低。所以，光看账面价值是不行的，还要分析存货性质、储存时间、市场情况等，综合以上所有情况来判断资产质量。

除此之外，还要关注企业无法体现在报表上的资产，如研发团队、管理人员、财务人员、技术专利、管理系统等。比如，你花了300万元请张老师的团队做咨询，梳理了非常严密的管理系统。虽然做咨询花掉的费用抵消了未分配利润，但是你的管理提升了，公司本身也会随之增值。这一点就无法体现在资产负债表上。

快速看懂现金流量表

利润是面包，现金是空气。没有面包，还能活很多天；没有空气，分分钟死亡。老板看的第一张表应该是现金流量表。

我们不能用利润买东西，只能用现金买东西。有利润，不一定有现金；没有利润，不一定没现金。一个企业活得好不好，就得看其现金流量表（见表 3-2）。

表 3-2　标准的企业现金流量表

单位：元

项目	本期金额	上期金额
一、经营活动产生的现金流量		
销售商品、提供劳务收到的现金		
收到的税费返还		
收到其他与经营活动有关的现金		
经营活动现金流入小计		
购买商品、接受劳务支付的现金		
支付给职工以及为职工支付的现金		
支付的各项税费		
支付其他与经营活动有关的现金		
经营活动现金流出小计		
经营活动产生的现金流量净额		

（续表）

项目	本期金额	上期金额
二、投资活动产生的现金流量		
收回投资收到的现金		
取得投资收益收到的现金		
处置固定资产、无形资产和其他长期资产收回的现金净额		
处置子公司及其他营业单位收到的现金净额		
收到其他与投资活动有关的现金		
投资活动现金流入小计		
购建固定资产、无形资产和其他长期资产支付的现金		
投资支付的现金		
取得子公司及其他营业单位支付的现金净额		
支付其他与投资活动有关的现金		
投资活动现金流出小计		
投资活动产生的现金流量净额		
三、筹资活动产生的现金流量		
吸收投资收到的现金		
取得借款收到的现金		
收到其他与筹资活动有关的现金		
筹资活动现金流入小计		
偿还债务支付的现金		
分配股利、利润和偿付利息支付的现金		
支付其他与筹资活动有关的现金		
筹资活动现金流出小计		
筹资活动产生的现金流量净额		
四、汇率变动对现金及现金等价物的影响		
五、现金及现金等价物净增加额		
加:期初现金及现金等价物余额		
六、期末现金及现金等价物余额		

我们都知道，刘邦有三员大将，分别是韩信、张良和萧何。刘邦曾经说："夫运筹帷幄之中，决胜于千里之外，吾不如子房；镇国家，抚百姓，给馈饷，不绝粮道，吾不如萧何；连百万之军，战必胜，攻必取，吾不如韩信。此三者，皆人杰也，吾能用之，此吾所以取天下也。"

为什么在这里提到这三个人呢？因为现金流量表从某种角度上来看和这三员大将的故事有高度关联性。

韩信主要负责带兵打仗，这就相当于企业的经营活动。打仗就可以缴获物资，就是现金流入；如果只是一味消耗，从来没有缴获物资，就是只有现金流出。生产经营活动有流出也有流入，用流入减去流出，就是经营活动的净现金流。

张良负责出谋划策，这就相当于企业管理中的一些重大决策，这些决策都与投资相关。例如建厂房、扩张生产线等投资活动，一旦开展，投入的资金就很难收回，所以谋略和决策对企业的影响是极为深远的。

萧何负责筹措粮草，兵马未动，粮草先行。对企业来说，筹措粮草就是融资。融资也分为流入和流出，就像一个大水池，开了水龙头进水叫流入，下水道开了一个管道叫流出。当流入大于流出时，水池里的水就越来越多；当流入小于流出时，水池里的水就会被放干。

企业的现金流就相当于企业的血液，企业失血过多就会死亡。

所有的现金流入减现金流出就是经营活动的净现金

流。现金流入就是收入，卖产品、卖服务和边角料残次品的收入，也可以算作流入。现金流出主要包括以下四个方面：①原材料的购买支出；②员工工资；③缴纳的各种税金；④报销的各种费用。如果一家企业的流入大于流出，说明其可以通过经营活动获取利润；如果企业的流入小于流出，说明企业的销售不佳，需要通过融资来进行扩张。

很多互联网公司刚成立时都是通过不断增加客户数量的方式融资的，从而维持经营。一旦它的融资链断裂，后果十分严重。通过经营活动的现金流入来完成融资是最好的融资方式。这样，企业就算不贷款、不引入资本，也能维持正常的资金运转。

那么，投资流入是什么？对外投资、买厂房、买设备等都是投资，投资流入就是把这些收回。比如，我向一家企业投资了 1000 万元，占了对方 10%的股份，现在要收回投资，可能因为对方公司升值，能够收回来 1200 万元。收回投资，或者变卖资产，都会产生投资的现金流入。另外，在对外投资时，收到的分红也可以算作投资流入。

融资的流入就比较容易理解了，主要有两方面：一是借来的钱到账了；二是股东投了钱，比如股东原来投了 1000 万元，又追投了 2000 万元。找银行借叫作债权融资，找朋友借或找股东投叫作权益融资。融资方面的流出主要包括还贷款、付银行利息和给股东分红。

所以，想要看懂现金流量表，还是很简单的。关键是有些财务人员按照财政部编写的会计准则编制报表，老板看不懂那些过于专业的词汇，久而久之，就不愿意看了。因此，我的建议是财务人员应根据老板的实际需要，编制适合企业的现金流量表。

企业的净现金流是正的好还是负的好？其实没有固定的标准。在经营活动中，净现金流肯定是正的好，而且数额越大越好；在投资活动中，负的净现金流代表企业的投资活动产生的现金流入量大于产生的现金流出量，这可能代表企业正处于扩张投入阶段，也可能代表企业投资出现亏损；在融资活动中，净现金流也是正的比较好，说明企业还在通过融资的方法扩大规模，有股东看好企业给企业投钱，银行也愿意给企业授信、贷款。

总的来说，对于三种活动的净现金流，如果全是正的，说明企业正处于高速发展期；如果全是负的，说明企业的生存状况堪忧；如果经营活动和投资活动的净现金流是负的，融资活动的净现金流是正的，说明企业在靠融资进行扩张，也在靠融资来生存。

简单来说，现金流量表反映经营活动的净现金流，净现金流越大，意味着这家企业不对外融资，只靠自己的钱也能迅速完成扩张。如果这家企业想要建立更多的分公司，或者更新生产设备，就需要进行投资。对外投资有两种形式：一种是战略型对外投资，如开发新业务等；一种是维持型对外投资，如开设子公司、对原有模式进行扩张等。

老板还需要关注一个概念，就是自由现金流。亚马逊、京东包括金财之所以能高速扩张，核心就是拥有好的自由现金流。什么是自由现金流？就是在经营活动净现金流的基础上，减去维持性资本支出。

经营活动净现金流减去为了维持运营而付出的现金流，剩余的部分就叫自由现金流。更直白地说，自由现金流就是你可以随便花的钱，花完还会产生，可以用来做很多事情。

老板在经营企业时一定要想办法扩大自己的自由现金流。前段时间我和几个同事说现在金财账上的资金还比较多，能不能在北京盖一个金财大厦。一个同事就说没问题啊，因为盖金财大厦要用的资金花掉之后不会影响企业的运营，而这些资金又是多年积攒下来的，是平常用不着的钱。

自由现金流越多意味着在扩张的过程中，可用资金越多，越可以支撑企业的高速发展。

总的来说，现金流量表可以分为两个版本：一个是按会计准则编的版本，一个是老板自己看的版本。老板自己看的版本就是由日报表汇总而成的月报表，通过这张表老板可以看到企业有多少钱，其中有多少钱可以用于企业扩张。比如，我卖产品卖了1000万元，但是客户只付了300万元，那这一项的收入就是300万元，剩下的700万元是应收账款，等收到款了再记入，这就是基于收付实现制的现金流量表。

轻松看清利润表

要想看明白利润表我们先要弄清楚一个基本公式：利润=收入-成本，利润表就是由这个公式衍生出来的。标准的利润表如表 3-3 所示。

表 3-3　标准的企业利润表

单位：元

项目	本期金额	上期金额
一、营业收入		
减：营业成本		
税金及附加		
销售费用		
管理费用		
研发费用		
财务费用		
其中：利息费用		
利息收入		
加：其他收益		
投资收益（损失以“-”号填列）		
其中：对联营企业和合营企业的投资收益		
以摊余成本计量的金融资产终止确认收益（损失以“-”号填列）		
净敞口套期收益（损失以“-”号填列）		

（续表）

项目	本期金额	上期金额
公允价值变动收益（损失以“-”号填列）		
信用减值损失（损失以“-”号填列）		
资产减值损失（损失以“-”号填列）		
资产处置收益（损失以“-”号填列）		
二、营业利润（亏损以“-”号填列）		
加：营业外收入		
减：营业外支出		
三、利润总额（亏损总额以“-”号填列）		
减：所得税费用		
四、净利润（净亏损以“-”号填列）		
（一）持续经营净利润（净亏损以“-”号填列）		
（二）终止经营净利润（净亏损以“-”号填列）		
五、其他综合收益的税后净额		
（一）不能重分类进损益的其他综合收益		
1.重新计量设定受益计划变动额		
2.权益法下不能转损益的其他综合收益		
3.其他权益工具投资公允价值变动		
4.企业自身信用风险公允价值变动		
……		
（二）将重分类进损益的其他综合收益		
1.权益法下可转损益的其他综合收益		
2.其他债权投资公允价值变动		
3.金融资产重分类计入其他综合收益的金额		
4.其他债权投资信用减值准备		
5.现金流量套期储备		
6.外币财务报表折算差额		
……		
六、综合收益总额		
七、每股收益		
（一）基本每股收益		
（二）稀释每股收益		

营业收入减去营业成本，就是毛利润；毛利润减去销售费用、管理费用，就是经营利润；经营利润再减去财务费用和投资收益，就是税前利润；税前利润减去企业所得税，就等于净利润，也叫税后利润。

老板要想知道利润如何，需弄清几个概念。

一是成本。我们把成本分为两大类：一类是固定成本，即不会随着销量变化而变化的成本；另一类是变动成本，即会随着销量的改变而改变的成本。比如，一台电脑的售价为 10000 元，其中固定成本 8000 元，毛利润 2000 元。但是在计算最后的净利润时，还需要考虑房租、员工工资、税金等费用，因此，净利润会少于 2000 元。

二是营业收入和税后利润。营业收入就是企业所有销售的收入，税后利润即企业缴纳各种税金后剩余的利润。在看利润表时，老板应首先关注的是营业收入和税后利润。营业收入高，说明企业的产品畅销，利润就必然会高。

三是毛利润。毛利润即营业收入减去营业成本，反映的是企业销售商品的利润水平。我们建议企业尽量做毛利润高、净利润合理的产业，毛利润最好能保持在 50% 以上。但是，毛利润高并不代表净利润也高。例如华为公司就要求自己的产品的毛利润维持在 50% 以上，净利润控制在 7%~8%。如果低于 40%，产品就会被放弃。

毛利润这项数据更多反映的是企业在整个商业模式、行业选择、客户细分、产品组合上的问题，经营利润更多反映的是企业的管理。一家企业管理得越完善和精细化，那么它的经营利润就会越高。

四是税前利润，也叫利润总额，主要体现企业资本的运作能力。企业的财务费用就是利息，资金成本非常低，投资收益又比较高，利润总额肯定也很高。

这时我们就可以看出，利润有三大杠杆：市场杠杆、管理杠杆和资本杠杆。通过分析以上四个概念，我们就能轻松看懂利润表。

另外，老板不能只看静态的某年或某个月的数据，而是要动态地观察，将几个月、几年的数据连起来。企业收入的年增长率是否超过 30%？利润增长有没有达到 30%？收入和利润会影响企业的市值，要想企业越来越值钱，就要实现收入和利润的持续增长。

这里我们引入一个新的概念：经济利润，即用经营利润减去资金成本和所得税。假如我的企业经营利润有 1000 万元，忽略所得税等财务费用，我的税后利润就是 1000 万元。企业注册资金的实收资本是 3 亿元，虽然不需要给股东出资支付利息，但实际上股东的钱也是有成本的。假设按照 10% 来计算资金成本，也就是 3000 万元，那么我的经济利润就是 -2000 万元。

也就是说，如果加上实收资本这一项，企业的经济利润很可能是负的。这样的话，老板还不如关掉公司去投资理财。一个成熟的企业可以用经济利润科目来进行绩效考核，从而忽略税和利息产生的影响。

培养报表思维的七个步骤

很多老板经营企业多年却还是看不懂财务报表。是老板的问题，还是财务的问题？有什么方法能让老板快速看懂报表，并以报表为指导做经营管理决策？

其实，企业的报表可分为对外报表和对内报表。对外报表主要是提供给税务局、银行、市场监管部门的；对内报表是提供给老板、高管、股东的。

一般来说，对外报表有标准格式，如资产负债表、利润表、现金流量表。对内报表没有统一的格式，符合老板的喜好就好。如表 3-4、表 3-5、表 3-6 是我设计的老板专用的资产负债表、现金流量表和利润表。

表 3-4　老板专用资产负债表

项目	公司 1	公司 2	公司 3	公司 4	公司 5	合并
资产						
可动用的钱						
投资的钱						
别人欠我的工程款						
别人欠我的借款						
仓库的东西						

（续表）

项目	公司 1	公司 2	公司 3	公司 4	公司 5	合并
固定资产						
无形资产						
资产合计						
负债						
欠银行的钱						
欠别人的货款						
欠员工的工资						
欠国家的税钱						
欠别人的借款						
所有者权益						
投资款						
赚的钱						
减：已分配的钱						
负债和所有者权益合计						

表 3-5　老板专用现金流量表

期间：　　年　月　　　　单位：万元

项目	本期		上年同期	
	累计金额	本期金额	累计金额	本期金额
1.现金流入量				
（1）经营性现金流入量				
①X1 产品				
②X2 产品				
③X3 产品				
（2）非经营性现金流入量				
①与集团往来				
②与外部往来				
③银行借款				

（续表）

项目	本期		上年同期	
	累计金额	本期金额	累计金额	本期金额
2.现金流出量				
（1）经营性现金流出量				
①材料采购付现				
②生产工人工资				
③其他人员工资				
④各项间接费用				
⑤各类销售提成				
⑥各种税金付现				
⑦其他				
（2）非经营性现金流出量				
①与集团往来				
②与外部往来				
③银行还款				
3.现金流量净额				
（1）经营性净现金流				
（2）非经营性净现金流				
4.明日可动用现金余额				
（1）公司银行账户				
①公司基本户——建行				
②公司一般户——工行				
（2）私人银行卡				
①老板建行卡 1234				
②老板娘农行卡 2389				

表 3-6 老板专用利润表

单位：万元

项目	公司 1	公司 2	公司 3	公司 4	公司 5	合并
收入						
成本						
毛利						
费用						
利润						

正常情况下，一个企业老板最多用 5%的时间看对外报表，剩下 95%的时间都用来看对内报表。所以，我们解决了对内报表的问题，就解决了 95%的问题。

报表是企业的导航图，是管理的驾驶舱，是仪表盘，是指南针，是监控器，是最大的商业情报。一个不懂报表的管理者，完全凭直觉带兵打仗，这个企业是做不大的。

一般一家生产型企业的对内报表不会少于 30 张，哪怕是一个营业额过 1000 万元的企业，报表数量也会在 10 张以上。相较之下，对外报表都有标准格式，数量也少得多。老板多少要学习一下自己设计管理报表。以下研究总结老板学习用报表进行数据化管控的七个步骤。

1. 改变认知，提升财务思维

老板通过学习可以打开对财务的认知大门，了解数据化管理，提升老板的财务思维。思维决定行为，行为决定结果；想要改变行为，先要改变思维。

一个优秀的企业家至少需要培养以下八种财务思维：现金为王思维、成本领先思维、投资回报思维、风险可控思维、税务规划思维、考核激励思维、财务杠杆思维和数字管理思维。

2. 做一维报表掌握概况

一维报表是指表格的每个字段都是说明事物的属性，而不是具体形态，如字段是性别而不是男、女，是所在部门而不是财务部、行政部；每一条记录都是一次性产生的。通俗来讲，一维表就是明细记录表，是用来详细记录信息的，是数据库。如表 3-7 就是一维工资分析表。

表 3-7 一维工资分析表

单位：元

姓名	性别	部门	职务级别	年龄	文化程度	工资
安为军	男	市场部	经理	39	本科	9000
孙大立	男	财务部	经理	35	本科	11000
李　琳	男	技术部	经理	33	硕士	13100
白　俊	女	财务部	主管	40	硕士	7500
徐　娟	女	市场部	经理	38	大专	9200
陈　培	女	技术部	总监	25	大专	18500
王　蒴	男	市场部	总监	26	本科	12500
蔡小琳	女	财务部	主管	25	大专	5500
王新力	男	技术部	经理	29	博士	12000
江　湖	男	市场部	总监	30	大专	12000
高　永	男	市场部	总监	45	本科	18000
颜　红	女	技术部	主管	33	博士	11200
倪小红	女	市场部	主管	29	本科	7000

一维报表很简单，可以展现一些关键的信息，让老板尝到甜头，当老板尝到甜头以后，就逐渐离不开报表了，就会开始主动要求看报表，不像以前那样靠拍脑袋做决策了。

3.做二维报表对比分析

二维报表就是统计汇总表，用来展示各类情形下的统计分析结果，是做决策的基础。二维报表的字段通常包含属性的具体形态，如男生人数、女生人数、部门人数等。如表 3-8 二维工资总额统计表就是对表 3-7 信息的汇总和统计。

表 3-8 二维工资总额统计表

单位：元

性别	工资合计
男	87600
女	58900
总计	**146500**

职务级别	工资合计
经理	54300
主管	31200
总监	61000
总计	**146500**

文化程度	工资合计
本科	57500
博士	23200
大专	45200
硕士	20600
总计	**146500**

部门	工资合计
财务部	24000
技术部	54800
市场部	67700
总计	**146500**

从二维报表我们可以看到很清晰的对比数据，今年与上年的对比、部门与部门间的对比、公司与同行的对

比、员工与员工的对比、实际花销与预算的对比……通过各种对比，老板就能发现很多问题。通过对比让老板在思维、观念上发生改变，培养老板看报表的意识。

4.差异分析找原因

差异分析就是找原因。为什么企业今年的业绩比上年的好？为什么企业今年的业绩比上年的差？为什么这个部门比那个部门差？为什么自己的企业跟行业标杆比还差那么远？先找到问题背后的原因，再想办法解决问题。

在这一步，老板就已经开始推动具体执行和经营策略的调整了。

5.抓住重点做决策

老板要做决策，最关心的核心指标是什么？建立管理驾驶舱，就是把老板最关心的数据指标“抓”到一起，形成一个类似于我们开车的仪表盘，“水温”“油表”“转速”“安全带”等关键数据简洁明了。老板在经营企业，或者高管在做决策时看一张表就可以了。

6.建立管理报表手册

管理报表手册不止一份。老板有老板的管理报表手册，采购总监有采购总监的管理报表手册，销售总监有销售总监的管理报表手册……销售总监的管理报表手册包括业绩表、回款表、存货表、提成表、报销表等。

企业要形成全员数据化思维，没有数据不开会，没有数据不做决策，没有数据不做管理。无数据，不决策；无数据，不会议；无数据，不管理。

7.预算管理看未来、盯过程

在前面六步基础上，企业就要开始建立预算管理机制了。

预算管理就是看未来、盯过程。企业的大部分报表都是和预算的对比，是对过去的分析，而预算管理更多的是指导我们怎么达成目标。

如何做老板看得懂的报表

切记：报表是用来看的，不是用来彰显财务人员专业的。

表 3-9 清晰地列明了每个产品卖了多少金额，不涉及产品数量和单价。如果产品种类超过几十种，就可以抓大放小。比如列出前 20% 的产品销售金额，剩下 80% 的产品根据金额或重要性进行排序。只看金额，不看数量单价，表 3-9 产品销售明细表为一维财务报表。

表 3-9　产品销售明细表

项目	金额（万元）
产品 a	300
产品 b	500
产品 c	800
产品 d	18
产品 e	120
产品 f	300
产品 g	450
合计	**2488**

我们把报表稍作修改，将“产品”两字改成“客

户”，就能变成另外一张一维报表（见表 3-10）。不看数量单价，就看每个客户的购买金额。例如b客户买了500 万元的产品，c 客户买了 800 万元的产品，这样看来c 客户是最大的客户，是优先和重点拜访对象。d 客户只买了 18 万元的产品，金额最少，是小客户，假如现在你忙不过来了，可能以后就不做他的生意了。再如，大客户由销售总监来提供服务，小客户由业务员来提供服务，不同的客户对应的销售服务团队也不一样。

表 3-10　客户销售明细表

项目	金额（万元）
a 客户	300
b 客户	500
c 客户	800
d 客户	18
e 客户	120
f 客户	300
g 客户	450
合计	**2488**

同样地，我们稍作修改，改成员工销售业绩表（见表 3-11），每个员工的业绩清晰明了。

表 3-11　员工销售业绩表

项目	金额（万元）
a 员工	300
b 员工	500
c 员工	800

（续表）

项目	金额（万元）
d员工	18
e员工	120
f员工	300
g员工	450
合计	2488

上面三张报表虽简单，但有重点，老板看起来不费劲，慢慢地，老板会尝到甜头，接下来财务人员每个月可以做更多的报表给老板看，三四个月下来，老板就会养成看报表的习惯。这时我们再做二维对比表，即在一维报表的基础上加一个维度，如在表 3-9 的基础上添加上年销售金额，如表 3-12 所示，方便对两年销售额进行对比分析。

表 3-12 产品销售明细表（二维）

项目	本年销售金额	上年销售金额
产品a	300	500
产品b	500	480
产品c	800	700
产品d	18	200
产品e	120	300
产品f	300	240
产品g	450	600
合计	2488	3020

当然，也可以是本公司与同行对比、与行业标杆对比，或者是企业实际数据与预期数据对比。在对比的过程中，老板开始以数据为基础思考问题。

数据只有作比较分析才越来越有意义，慢慢地，老板就知道怎么做差异分析、怎么建立管理驾驶舱，最后建立管理报表手册和预算体系了。

第四章

资产管理：抓住经营的命脉

出纳管理的十个关键

出纳管理是企业绕不开的一个问题，从某种角度讲，出纳就等于钱。华为创始人任正非认为出纳是企业资金管控的最后一道防线，可见其重要性。这一部分我们来讲讲如何做好出纳管理。

1.不相容岗位相互分离

设置不相容岗位，就是管钱的不管账，管账的不管钱。

深圳一家生产制造企业老板带着财务来上课，这家企业的年营业额约为1.6亿元，但是只有一个财务人员，包揽会计、出纳等财务工作。在聊天过程中，我得知财务人员还兼管几家子公司的会计工作。

如果集中于一个人或岗位办理现金业务，会增加出现错误与发生舞弊的机会，或者增加掩盖错误与舞弊的可能性。会计和出纳就是不相容岗位，必须由两个人担任，管钱的不能管账。

银行日记账、现金流水账可以由出纳登记，但必须由专人负责审核和核对。

为了有效地防止舞弊、发现和纠正错误，原则上企业所有的不相容职务都应分别由不同的人或岗位来担任，这是形成相互制衡的控制机制的重要基础。

可以说，没有这一基础，资金的内部控制机制就难以建立和有效运行。

一般说来，企业负责各项经济业务的职务大体上可以分为授权批准、业务经办、会计记录和稽核检查四种。在这四种职务中，一般情况下，除了授权批准和稽核检查具有兼容性之外，其余各种职务之间都是不兼容的，应当予以分工执行。

具体到更容易出现错误与舞弊的货币资金业务，如支出的授权审批、资金的出纳和保管、会计记录和稽核检查，一般都应当分工负责。

2.每天记日记账

日记账也叫序时账，是按时间先后顺序记录经济业务，以保证会计资料的完整性和连续性的账簿。

记日记账是财务对资金每天的日清月结，如果堆到一个月来记，企业在资金方面就特别容易出问题。但是如果企业有信息化系统，系统基本上会自动记账。

有了日记账，就可以每天出资金日报表，资金日报表是老板必看的报表之一。

无锡有一个制造企业老板在进行《老板利润管控》课时分享时说他就用两张报表管企业，管了十年，一张是资金日报表，另一张是销售日报表，可见资金日报表的重要性。

3. 由会计盘点现金

现在大多数企业的现金交易已经越来越少了，但是有的行业仍存在现金交易。比如有些物流企业需要给司机支付现金；再如有的企业在偏远地区收原材料，当地老百姓不愿意手机转账，觉得不踏实，银行又在几百公里之外，于是用现金给老百姓付款。

只要企业有现金，就必须进行现金盘点，最好不是由出纳自己盘点，而是由会计来盘点。

在做咨询时，有的财务经理、财务总监说公司出纳是老板的亲戚，大家不好意思提盘点的事，希望借着咨询，由金财的老师提出盘点要求。

其实，最好的现金管理就是没有现金，目前很多企业已经做到了取消现金，所有的报销都是转账。

4. 收支两条线原则

收支两条线是指一家企业或单位对自己的资金收入和支出行为，分别采取互不干涉或互不影响的、设有单独处理流程和路径的一种资金管理模式。应对企业资金进行集中式管理，避免下属单位出现坐支现象。

创办金财之前，我创建了一个财务技术网，派了一个在 500 强企业做过财务高管的老师去云南讲课，两天 5 万元，老师收取 70% 作为课时费。

但是，客户没有提前打款，而是直接将 5 万元现金交给了老师，让老师带回来。老师回到北京后，我就催促他赶快把那5万元交回来。老师说其中70%是给他的，那他就留下3.5万元，把剩下的1.5万元交回公司。

当时，我就说绝对不行，必须先打给公司5万元，公司再打给他3.5万元。如果他着急用钱，公司可以在他打过来几分钟之后给他打回去。

虽然我们公司当时规模还很小，一年的营业额只有几百万元，但是绝对不能坐支。老师其实本身是财务高手，但是当他一旦脱离财务岗位开始做业务的时候，也会犯这样的错误。

5.印鉴分开保管

公司印章包括财务部行政章、财务专用章和财务用公司法人或其授权代表人印章、发票专用章、财务人员个人印章。

为了防止财务票据和印鉴被滥用或被篡改，必须分开保管。此外，财务印鉴必须由两人（或以上）分开保管；出纳人员不得保管财务专用章或结算专用章。银行结算票据、财务收款收据等统一由出纳人员保管，但财务印鉴不得预留在空白财务票据上。

有些票据在管理的过程中是可以取消的，比如现金支票、转账支票等。如果实在无法取消，那么支票应由出纳负责签发，严格控制签发空白支票、空头支票。

6. 由会计编制《银行存款余额调节表》

编制《银行存款余额调节表》是企业对货币资金进行管控的重要环节。应核对发生的每一笔银行结算业务，以达到企业银行日记账和银行对账单一致的目的，保证企业银行账和银行存款余额相等。

许多中小民营企业极少做《银行存款余额调节表》，由老板或老板娘管钱的企业就更不做《银行存款余额调节表》了。

调节表必须由会计编制，而非由出纳编制。出纳既负责银行存款的收付，又登记银行存款日记账，如果再负责编制《银行存款余额调节表》显然是不合适的，在监督和内控上容易出现舞弊现象。

银行对账单也应由会计亲自到银行提取。有的企业，出纳人员因为经常跑银行，所以就会顺路把银行的对账单带回来，这种做法会导致即使出纳人员发生舞弊，会计人员也发现不了。

最好的方法是，会计人员及时去银行取对账单，并且编制《银行存款余额调节表》。让出纳、会计相互牵制，目的就是将不相容职务分离，一项业务由多人处理，实现内部工作岗位的相互监督和控制。

7. 保管好进项发票

进项发票关乎企业的成本以及发展，妥善管理进项发票对企业来讲意义重大。

对企业来说，进项发票其实就是钱。在销项发票不变的情况下，公司取得的进项发票越多，增值税抵扣就越充分，企业承担的增值税税负也就越轻。不要以为钱就是银行的存款和保险柜里的现钞，承兑汇票也是钱，进项发票也是钱，都要妥善保管好。

8.U-Key一定要分开保管

为了防范财务管理风险，保障资金安全，U-Key作为财务审核的最后一道关卡，一定要注意分开保管。比如，出纳制单如果是两道审核程序的话，就是财务总监和总经理共同审核，相当于付出一笔钱需要两个人审核，从而尽可能减少一个人舞弊的机会。

再延伸一点，我们给采购供应商付款时，账号由采购部的人员维护。财务人员付款，账号是不能动的。甚至发工资的时候，都是人力资源部把员工的账号输进去，财务不能动账号，要时刻关注内控问题。

9.建立健全银企直连系统

银企直连系统通过互联网或专线连接的方式，使企业的财务系统与银行综合业务系统对接。企业无须登录网上银行，就可以利用自身财务系统自主完成对其银行账户包括分（子）公司银行账户的查询、转账、资金归集、信息下载等，并在财务系统中自动登记账务信息，免去以往财务系统、网银系统两次指令录入的过程。这样不仅能提高工作效率，还能确保财务系统与银行综合业务系统账户信息的一致性。

通过银企直连系统，很多数据就可以直接与银行对接，如果要做《银行存款余额调节表》，也可以直接下载对账单。

10.设置费用管控系统

一家有3000个员工的公司，假设每个员工每个月只报销2次费用，一年就会产生7万多笔报销审批和签字手续。如此巨大的工作量会导致管理人员无法仔细审核每一笔报账，很多签字都是走个形式，甚至成了员工捞黑钱的途径。所以，企业应尽量设置费用管控系统，以减少员工的报销审批手续。

金财自己就开发了费用管控系统、报销系统，员工接触不到钱。大家直接在费用管控系统购买需要的物品，发票直接寄送到财务部，省去了以前的很多报销环节。这样，出纳管控工作就会越来越简洁，效率也越来越高。

以上十点有一个前提，就是要把两套账合成一套账。如果你的企业现在还处于两套账阶段，表面上好像少交了一点税，但是许多管控措施用不上，反而因为内控混乱丢钱，且还有风险隐患。我们讲的尽量使用费用管控系统、取消报销环节和取消现金等，都是基于好的内控的前提。

需要特别强调的是，企业在招聘出纳时一定要做背景调查和家访，这样能够有效避免很多后续问题的产生。有的企业是由老板娘或亲戚做出纳，要求他们完全满足以上十条要求也挺难的，还不如到外面招聘人才更靠谱。

靠亲戚管钱，未必就是最好的。老板娘可能没问题，难道那些亲戚就不会有问题？就算老板娘可靠，难道她就不会犯错？

出纳管理是企业管理的重中之重，是保证企业资金管理安全的一个重要环节，一定要引起企业重视。

管好应收账款的九个要点

俗话说，“一笔业务坏账，十笔业务白做”。为什么这么说？假如一笔100万元的应收款出现坏账，按10%的净利润率来计算，要有1000万元的销售收入才能弥补这100万元坏账造成的损失。

应收账款是指企业在正常的经营过程中因销售产品、提供劳务等向购买单位收取的款项。一方面，应收账款是通过给客户提供投资和无息贷款的形式，来提升企业市场份额的一种行为；另一方面，企业通过销售存货并提高应收账款的账面数额，节约因管理存货所产生的相关开支，一定程度上为企业减少了库存的压力。

应收账款可以给企业带来以上好处，但如果管理不善，也会为企业带来弊端。

比如，影响企业资金周转，掩盖企业真实经营状况，无法实现既定的效益目标；夸大企业经营成果，增加企业的风险成本；赊销使企业产生较多利润，但未真正增加企业现金流，因此企业不得不用有限的流动资金垫付税金和费用，加速了企业现金流流出；不合理应收账款的存在，不利于企业资金循环，使大量的流动资金沉淀在非生产环节，严重影响了企业正常的生产经营；加大了应收账款管理过程中的出错概率，给企业造成额外的损失。

因此，我们建议企业尽量不做有应收账款的生意，甚至如果能够做有预收款项的生意就更好了。以前国家电网的收费模式是先用电，再抄表，最后交费。改成预存电费后，不仅省去了催缴电费的烦恼，而且更有利于资金归拢，进行统一管理。

这里特别说一下应收账款的坏账问题。举个例子，我有一笔 1000 万元的应收账款，但是其中一部分可能拿不回来。那么，从财务的谨慎性角度就要做计提坏账准备。假设其中 5% 是会坏账的，即 50 万元，那么计提准备金就是 50 万元，体现在报表上就是应收账款那一栏为 950 万元。

目前，有四种常用的坏账准备计提方法。

第一种，余额百分比法。即按照期末应收账款余额的一定百分比估计坏账损失。坏账百分比由企业根据以往的资料或经验自行确定。余额百分比法是按应收账款、其他应收款、长期应收款的期末余额的一定比例计提坏账。

第二种，销货百分比法。即根据企业销售总额的一定百分比估计坏账损失。具体的百分比是依据本企业以往实际发生的坏账与销售总额的关系并结合生产经营与销售政策变动情况确定。在实际工作中，企业也可以按赊销百分比估计坏账损失。

第三种，账龄分析法。即将应收账款、其他应收款、长期应收款的期末余额，根据账龄分段按一定的比例算出本段账龄应计提的坏账，各账龄段求和就是累计应计提的坏账，再减去上一年已计提额，得到本年应计提的坏账。

第四种，个别认定法。即针对每项应收款项的实际情况分别估计坏账损失。例如，公司是按照应收单位账款的 5% 来计算坏账，但是有一家企业有明显的还款困难迹象，就应针对这一企业的应收账款按 10% 或其他比例计算坏账。

关于如何管理应收账款，我给大家总结了九个要点。

1. 发货后马上发账单

我们去餐馆点完菜，餐馆就把菜单打印出来，贴在桌子边上，这其实是委婉地提醒你要付钱。上了一道菜后，服务员就会在这张单子相应的菜名上做个记号，表示这道菜上过了。要不然你把菜吃完了，盘子也收走了，你说这个菜还没上，那就扯皮了。

所以，企业在发货以后，马上给客户发送账单，这是委婉的提醒，同时还便于对账。

有的企业在发货之后没有提醒客户对账，年底老板跑去要钱，客户都不记得这桩生意了。所以，发货后马上发账单是应收账款管理注意的第一个要点。

2. 及时提醒业务员催收

财务人员要及时提醒业务员催收。在账单到期的前几天，财务人员就要给业务员发信息，让业务员或相关的系统给客户发付款提示。

其实，有时客户根本不是想拖延，而是忘记了，毕竟故意拖欠、人品差的客户是少数。与其等账期到了再去催，不如提前通知客户打款。

3.提前做好催款计划

比如，货物发出后几天要做什么，付款前几天要做什么，到了付款的当天要做什么。

有的企业相关业务员离职了，一笔款两年都没有人管，最后过了诉讼时效期。对于应收账款什么时候要找律师处理，由律师提起诉讼，都要有明确的时间表，不能完全凭个人的喜好，要有一个明确的催款计划。

4.规避应收账款风险

应收账款的风险主要集中在合同中。

比如，我们销售一批产品，跟客户约定了3个月的账期，并以客户收到货物开始计算。3月1日就把货发过去了，等到6月1日催要货款时，客户财务却说他们是以收到发票的日期开始算账期的。双方就此开始扯皮。

为了最大限度地减少企业应收账款回收的风险，在合同签订的环节就应明确付款的条件、期限，最好约定在“某年某月某日之前”将货款打入对方账户，否则就需要赔付违约金等。

做好事前的防范，比事后的催款补救找律师要重要得多。

5.一定要书面对账

这样做是为了防范业务人员瞒着财务让客户把款打到别的账号。一定要进行书面对账，而且不能委托业务人员来做，要财务部自己来做。

企业应该多线联系客户或供应商，否则业务人员一旦离职就会把客户带走。业务人员要跟对方的采购人员联系，财务人员要跟对方的财务人员联系，甚至高层要跟对方的高层有联系。

6.回款要一笔一笔核销

这样做的目的是防止对方的财务人员扯皮。

比如，对方欠了我们1000万元的账款，先打了500万元，但没说清楚打的是哪一笔。等你跟他对账，他说自己都付了，实际上还有好多账没付。所以，我们要跟客户明确付的是哪一笔钱，一笔一笔核销，不能偷懒。

7.用余额调节表确认钱到账

核对企业自己记的账和银行记的账是否一致，有没有银行已收、企业未收，或者企业已收、银行未收的情况等。防止对方发一个单据的截图说自己已经付款了，但其实钱并没有到账，过两天又退回去了。这种情况特别常见。

8.坏账的确认及处理

我们有一个客户明明有好几百万元的应收账款坏账，但因为没有证据都不敢做坏账准备，只能在报表中做税前扣除。一笔300万元的坏账做所得税前扣除，也就是75万元。

一定要拿到坏账的证据，即使对方破产了还不了债，或者你已起诉，但没有什么资产可执行，你也一定要拿到相应的坏账证据，这样就可以做税前扣除，以避免25%的企业所得税。

9.其他应收账款的四种错误用法

其他应收款包括企业各种应收的赔款、罚款，保证金、押金，还有企业预付给其他单位和个人的备用金。总的来说，除了应收票据、应收账款、预付账款、应收利息、应收股利、长期应收款之外的各种应收，或者是暂付的款项都叫其他应收款。

很多年前，我给一个企业做咨询，该企业的财务经理找到我说他刚到企业做财务负责人，董事长告诉他公司很多年来的其他应收款都是没有明细科目的，员工出差找公司借钱，或者是办事借备用金，谁借的、借了多少，根本没有写清楚，整个其他应收账款有几百万元。这个经理到企业后接到的第一个任务就是处理其他应收款。他不知道该怎么做，于是来问我。

我也没有好的办法，只能告诉他把这几年关于员工借款和还款的账目重新分类。他叹了一口气说，只有用笨办法，一笔一笔账重新做。最后，他花了两个多月的时间梳理其他应收款，梳理完以后发现有的员工都已经离职了，但是借的钱既没有报销，也没有还给公司。

其他应收款是税务局和审计都很关注的，只要涉及“其他”二字，不管是其他应收、其他应付，还是费用中的其他，都会被重点关注。企业也喜欢在这些地方做文章，比如把费用都作为业务招待费藏到“其他”里。税务局会质疑是不是企业通过这种手段来达到少交税的目的，并有可能进行查处。真正优秀的公司的其他应收和其他应付的金额都是特别小的，甚至余额为0。如果企业的其他应收、其他应付数字比较大，我们就可以直接判断这家企业的经营不够规范。

“其他应收款”有四种错误的用法。

第一种，个人借款挂账。如果你把钱借给股东个人，并且对方没有在12月31日前归还，那么就要交个人所得税了。而且2016年“营改增”之后，借款属于金融服务中的贷款服务，无偿借给别人的款项，应当视同销售，要缴纳增值税。

第二种，隐藏不合理的交易。比如，股东利用其他应收款隐藏不合理的交易，占用公司的资金。我们知道往来账户和关联交易是税务局稽查的重点，这种行为一旦被查处，企业不仅要补税，还有可能缴纳滞纳金和罚款。

第三种，隐藏收入或隐匿收入。其他应收款是资产类的科目，正常情况下余额在借方。但是有些企业先将收入挂到科目的贷方，再从借方冲销，以达到隐匿收入、逃避税款的目的。这种逃避纳税义务的行为是不合法的，将会受到税务局严厉的处罚。

第四种，隐藏短期投资。在企业资金相对比较充足的情况下，老板会拿企业多余的资金做一些短期投资，如购买股票和债券等。这种短期投资通过其他应收款进行核算，随后再逐一收回冲销。如果老板个人以这种形式将谋取的收益截留并放到个人名下，也会在税务稽查或企业审计的时候被查出来，最终面临罚款的处罚。

做好存货管理，提高资金效率

存货管理是企业管理的一个重点，尤其对于生产制造企业和贸易企业。可以说，这些企业赚不赚钱，就看存货管得怎么样。

那么存货都包括哪些呢？比较常见的是原材料、产成品、半成品和低值易耗品。半成品就是在一个车间生产完了，还要到下一个车间生产的产品。低值易耗品一般指手套、包装物等一次性使用的，或者两三个月就报废的产品。

在民营企业有一句特别有意思的话，“老板娘当出纳，老岳父看大门，小舅子管采购”。老板娘当出纳就是管住钱别丢了，老岳父看大门就是防止存货丢了，小舅子管采购就是防止采购环节拿回扣。这是民营企业最朴素的内控。以前有些民营企业的员工会将铜线或其他原材料藏着带走，虽然单次金额不大，一卷铜线也就能卖几十元，但日积月累，一个月拿走的原材料价值可能比工资还高。

本质上讲存货就是扔在仓库里打了捆的钞票。

怎么管理存货？我们先说存货周转的问题。如图

4-1 所示，企业从购货到收款的时间叫运营周期，从购货到付款的时间叫应付账款周转期，从购货到售货的时间叫存货周转期，从售货到收款的时间叫应收账款周转期。存货是多一点好还是少一点好？存货多，资金占用就多。

如果你有 1000 万元的资产，全部买了存货，这时你要打广告，要进行市场推广，就要另外筹钱。假如你将原材料的成本控制在 100 万元以内，一年下来，营业额有 1 亿元，销售成本是 6000 万元，存货的平均余额是 600 万元。用销售成本除以存货余额，得出的指标为存货周转率，也叫周转次数，而 6000 万元除以 600 万元，算出周转次数为 10，即 600 万元的存货在一年可以周转 10 次。

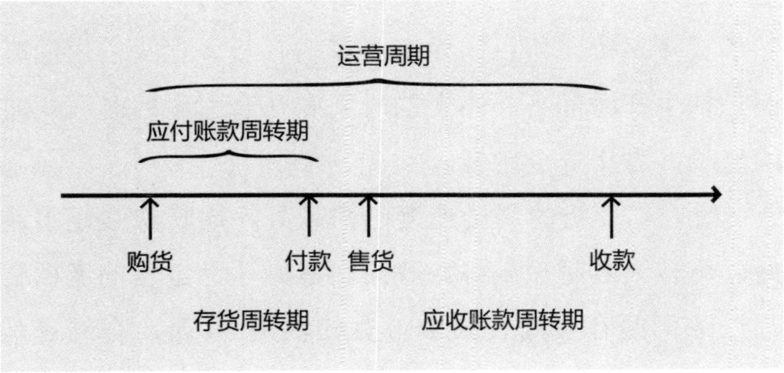

图 4-1　存货周转期

余额怎么算？一般要算平均余额，最简单的方法是将每个月的余额相加除以 12。如果要算某一个月的平均存货余额，就用月初余额加月末余额除以 2。

周转天数怎么算？一年周转天数等于365天除以存货周转次数。存货周转次数是10，365天除以10约等于36天，即存货周转一次是36天，也就是说如果你要做6000万元的营业额，一年周转10次的话，要准备600万元的存货资金。

如果你要做到2亿元的营业额，存货成本可能是1.2亿元。如果你的存货周转次数不变，还是10次，周转天数不变，还是36天，那你就得准备1200万元的存货余额。1200万元的存货余额代表你的存货周转次数要为20次，周转一次是18天。周转速度越快需要的资金就越少，需要的资金越少资金成本也越小。

有一个概念叫零库存，零库存并不是说仓库里的存货是零，而是说尽量控制库存，越低越好。丰田汽车就是等客户先下订单并付定金后才去买原材料生产，生产完了直接发货，所以它没有太多的存货。存货占用的时间包括生产时间、在路上的时间和在仓库里的时间。时间越长，占用资金越多。

所以，存货的周转速度越快越好，周转次数越多越好，周转天数越短越好。我向很多做药品零售的老板咨询过他们的存货周转天数，有的说是60天，有的说是30天；最短的是25天，在武汉；最长的是90天，在腾冲。我发现，周转天数长短除了跟老板的管理水平有关外，还跟地理位置相关，武汉四通八达，所以武汉的周转速度就非常快，存货相应就少。

解决了存货的周转问题，接下来就讲讲存货盘点问题。有四种盘点方法：

第一种是全面盘点。就是把所有的存货都盘一遍。这种方法成本高投入大，而且遇上停产或进出物料可能还需暂停。全面盘点的成本很高，但有时也是必要的。

第二种是永续盘点，也叫循环盘点。这次先盘这一批货，下次再盘另一批货，但是要保证一年内所有的货都能够盘点到。

第三种是低位盘点。就是在存货少的时候，如淡季或存货量消耗得差不多时进行盘点，这样会省很多工作量。

第四种是重点盘点。价值高的存货，重点盘点；便宜、量大的存货，相对不用花那么多精力。

盘点的时候一定要注意两点：

第一，一定要盲盘。拿着货物数量打印单盘点叫明盘。盲盘就是财务人员把所有货的明细列出来，但不标数量，直接盘点货物，再将实际得到的数据跟电脑里的数据进行比对。

第二，要做差异分析。有些企业不做差异分析，很多问题没办法解决，然后就不断地盘点货物。所以企业盘完货以后一定要进行差异分析，找到原因努力解决问题。

接下来，我给大家讲一讲存货的计价。

什么叫存货计价？举个例子，1 日我买了 100 台电脑，8000 元一台；2 日买了 200 台电脑，7500 元一台；4 日又买了 150 台电脑，这时电脑的售价是 7800 元一台；5 日，我决定卖掉 120 台，那么卖掉这 120 台电脑的成本是多少？有人认为这些电脑都堆在仓库里，根本分不清卖出去的是哪一天买进来的，因为这些电脑型号虽然一样，但是价格不一样。

这就需要对存货计价，而存货计价有三种方法：先进先出、加权平均和个别计价。

1.先进先出

什么叫先进先出？我卖了 120 台，最先进来的是 100 台，所以 120 台就被拆分成两笔，其中 100 台是 1 日 8000 元一台买的；20 台是 2 日 7500 元一台买的，卖掉了 20 台还剩下 180 台；假如 6 日又卖了 100 台，就看 2 日购进的还剩下多少台，把先进的卖掉。这种计价方法就叫先进先出。

2.加权平均

什么叫加权平均？加权平均一般是按月加权。把 1 日的 100 台乘以 8000 元，2 日的 200 台乘以 7500 元，3 日的 150 台乘以 7800 元，成本相加，除以 450 台，即 $\frac{8000\times100+7500\times200+7800\times150}{450}\approx7711$ 元，7711 元为加权平均单价。

3.个别计价

什么是个别计价？一艘轮船、一辆起重机价值几千万元甚至上亿元，这时就可以单独计价。比如，造了两艘轮船，其中第一艘算下来成本是 800 万元，第二艘成本是 1200 万元，卖的第二艘的成本就为 1200 万元。

不同的计价方法，得到的成本不一样，相应核算的利润也不一样。所以企业一旦确定了存货计价方式，就不要轻易改变。

固定资产管理的利与弊

固定资产，是企业最重要的资产之一。

什么是固定资产？顾名思义，固定资产就是相对来说比较固定的资产。一般指使用寿命在一年以上的有形资产，比如房子、设备、电脑、摄像机等。旧的会计准则还对金额有限制，要求金额在2000元以上，现在取消了。那么一台价值为200元的电扇到底算不算是固定资产？标准由老板来决定。

1. 固定资产的好与坏

什么样的固定资产是好的？

第一种是能升值的固定资产，比如多年前购入的北京、上海、深圳的房产。但是，除了少数固定资产会升值，绝大多数的固定资产都不会升值，有的反而会贬值。

第二种是能形成企业的核心竞争力、让企业与竞争对手拉开差距的固定资产。比如光刻机，台积电能够拿到荷兰生产的光刻机，是因为其在荷兰光刻机生产公司初创时就投了资。一台光刻机的成本可能有上亿元，但是如果你有设备，你就有核心竞争力，就能生产很多芯片。

需要强调的是，好的固定资产是很少的。对于很多企业来说，有些东西是租不到的，但是生产的时候又必须用；还有的自己买更划算，就形成了固定资产。

什么样的固定资产是坏的？从某种角度讲，固定资产就等于风险。为什么这么说呢？我们把企业的成本分为固定成本和变动成本。比如开一家餐馆，不管有多少人来吃饭，房租是没办法减少的，员工的工资是要发的，这种成本就叫固定成本；来吃饭的人越多，食材、调料准备得就越充分，相应的成本叫变动成本。变动成本与固定成本相加即总成本。

如图 4-2 所示，销售收入是从 0 开始的，销售收入与总成本的交汇点的利润正好是 0，这个点为保本点，也叫盈亏平衡点。

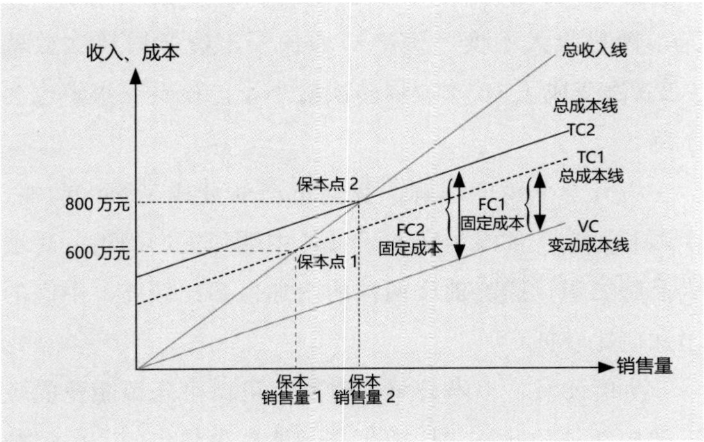

图 4-2 销售盈亏平衡点

只要购买了固定资产，就会形成折旧，一折旧就形成了固定成本。

比如，企业买了一台1000万元的设备，固定成本就从之前的一个月的200万元变成了250万元。这条变动成本的线往上平移，原本一个月实现600万元的销售收入就保本了，但是现在可能一个月要完成800万元的销售收入才能保本。购买固定资产增加了固定成本，导致经营风险加大，如原来做700万元是有利润的，现在则是亏损的。

固定资产等于风险。所以，一些外资企业的财务总监可以批100万元、200万元、300万元的原材料采购，却没有权力批1万元、3万元、5万元的固定资产采购。

同时，资产的周转率等于收入除以资产，假如收入是10亿元，资产是5000万元，资产周转率是20次。现在，你购买价值5000万元的资产，总资产变成1亿元，销售收入不变，资产却增加了，资产周转次数就从20次变成了10次。周转次数小了，投资回报率也会下降。

从另一个角度理解，我们把产业分成三端：前端、中端和后端，前端为研发设计，中端为生产制造，后端为品牌渠道。微笑曲线两端的附加值都比较高，中间的附加值比较低。

苹果公司、小米公司、耐克、可口可乐等企业的资产架构都是如此，它们的生产制造都是外包的，公司的土地、厂房、设备等固定资产比较少，附加值就比较低。固定资产少了，研发设计和品牌渠道相对就比较多了（见图4-3）。

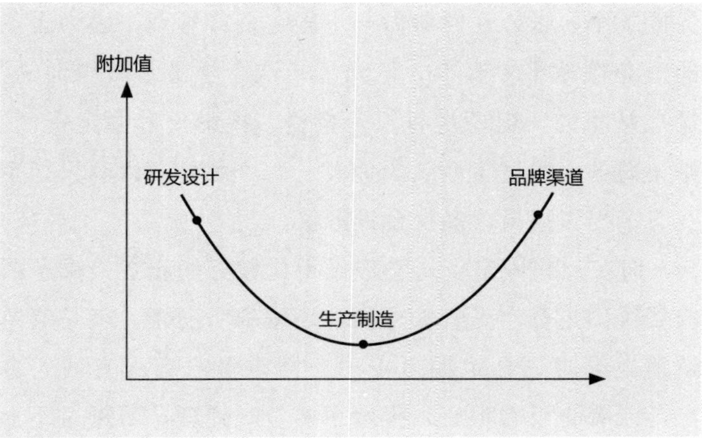

图 4-3 微笑曲线

购买固定资产是投资，企业在购买固定资产前一定要做投资回报分析，不然最后可能损失惨重甚至倒闭。

四川内江有一家做彩印的企业，老板花1800万元买了海德堡印刷设备和生产线。买完之后，企业就没有运营资金了。买设备之前没有做分析，买了之后才发现印刷需要各种配料，最后算上折旧和各种成本，还不如把订单外包赚钱。后来这个老板接到订单就直接外包，这样可以少占用资金，但是那台价值1800万元的设备却浪费了。

很多传统的民营企业老板总是愿意把钱用在购买固定资产上，而没有把更多的钱用在研发设计和运营管理上，对固定资产的管理和投资不够谨慎。

2.怎么管理固定资产

首先是盘点。有一天一个学员给我打电话说他跟财务提了个要求，让财务做一下固定资产管理，因为企业的营业额差不多有1.5亿元了。这个学员是做培训的，场地是租的，但还是有很多桌椅、投影仪等固定资产。结果财务人员过了两天给他发了一个邮件，内容只是企业有多少张桌椅、多少台投影仪。

但在一些固定资产管理做得比较好的企业，桌子或椅子等固定资产是有编号的，还编成了册子，就是清单造册。同时还会定期盘点——固定资产有没有被人拿走，或者有没有报废，报废了要及时处理，数额对不上还要做盘盈盘亏处理。因为固定资产的金额都不小，可能正被各个部门领用，所以固定资产的登记卡上最好有个二维码，盘点的时候扫一下，这样就轻松多了。

其次是固定资产的保养。有的企业没有专门管理设备的人员，设备没人管没人问，该保养的时候也没人保养。

最后是固定资产的采购。在采购固定资产时也很容易出问题，特别是大型的固定资产。技术部门提了要求，但又是采购部采购的，最后付款的却是财务部门，如果这个流程没有梳理好，或者说有漏洞的话，就会出现各种各样的问题。

比如发票的问题。款付了，但是发票一直催不来。再比如设备的问题。技术部门知道设备有问题，但是采购人员不知道，采购人员还是通知财务把钱付了，即使技术部门想要控制付款，但是采购流程没有打通，所以也管不了。

固定资产折旧的三种方法

企业的固定资产折旧是一个很有意思的问题。

我买了一台价值1000万元的固定资产，要使用10年，该怎么把固定资产的成本算到总成本中？

假如一年的销售收入是3000万元，成本是2200万元，其他费用是200万元，最后还剩600万元的利润。1000万元的固定资产折旧一次性进成本，那我今年肯定赔钱了；但是如果按10年折旧，一年分摊100万元，按照权责发生制，当年费用就是300万元，利润就变成500万元；如果第一年就按照400万元来计提折旧，最后利润就剩下200万元。

固定资产怎么折旧直接影响利润，折得越多前期利润就越低，后期利润就越高。

关于折旧，会计准则上有三种方法。

第一种，年限平均法。1000万元的固定资产，大概到10年后还能值100万元，也就是说需要具体折旧900万元。按年限平均法就是用900万元除以10年，即90万元，按一年90万元计提折旧。

第二种，工作量法。假如一台汽车我能开10万公里，汽车可以按年限折旧，也可以按公里数折旧。第一年开了2万公里，车价值30万元，不考虑残值的话那就是1/5，即30万元乘以1/5为6万元。还有一些机器设备有自己的工作时限，可根据它的工作量来折旧。

第三种，加速折旧法。前两种都是匀速折旧，我们都知道，汽车在买后第一年是最好开的，等开了七八年，不是这里坏了就是那里坏了，用起来感觉也不好。在计算这类资产的折旧时，我们选择加速折旧法。

加速折旧法又有两种：一种是年数总和法。同样以1000万元的固定资产为例，假如固定资产可以用5年，5+4+3+2+1=15，第一年就折5/15，第二年折4/15，之后每年按3/15、2/15、1/15的比例折旧，这种方法即年数总和法。

另一种是双倍余额递减法。假设一个价值10万元的固定资产有5000元的残值，可以使用5年，单倍每年是20%，双倍就是40%。

第一年按照10万元乘以40%即4万元折旧，剩下的残值就是6万元。

第二年在之前余额的基础上，按40%折旧，所以第二年的折旧是2.4万元，余额是3.6万元。

第三年在3.6万元的基础上按40%即1.44万元折旧，剩下的余额为2.16万元。

最后两年在余额的基础上减去5000元的残值后平均摊销，最后两年的折旧就是1.66万元除以2，即8300元。

双倍余额递减法的逻辑就是刚开始的几年多折一点，后面固定资产不那么值钱了就少折一点，这样可以减少企业的前期利润。对企业来说，固定资产折旧多一点，税就可以少交一点。

特别强调的是，税收政策允许企业一次性购买500万元以内固定资产一次性折旧，这是针对纳税的，上面讲的几种方法是针对财务做账的。

算账依据会计准则，交税依据税法，我们在交税时可以一次性进成本，但在做账的时候还是要按照会计准则来折旧。

无形资产的分类与核算

无形资产是企业非常重要的一项资产，随着企业的发展，老板也越来越重视无形资产。无形资产指的是企业没有实物形态的可辨认的非货币资产，商标、专利、特许经营权、软件著作权、矿产的开采权等都属于企业的无形资产。

中国有些上市公司的无形资产只占全部资产的4.9%左右，对无形资产的重视程度还是不足。但我相信随着社会的发展，中国企业的无形资产占比会越来越大，比如，科创板的设置就是鼓励一些科学研究、专利比较多的企业上市。也就是说，企业未来在无形资产上的投入会越来越多。

无形资产具有广义和狭义之分。广义的无形资产包括金融资产、长期股权投资、专利权、商标权等，因为它们没有物质实体，而是表现为某种法定权利或技术。但是，会计上通常将无形资产作为狭义的理解，即将专利权、商标权等称为无形资产。

判断一项资产是不是无形资产有两个标准：第一，相关经济利益很可能流入企业。即无形资产未来是可以带来收益的，如果不能，就不能算无形资产。比如一件不可能带来好处的专利就不能算无形资产。第二，成本能够可靠计量。研发投入成本算不清楚，就不符合成本可靠计量标准，不能进入无形资产。也就是说，你投入很多经费去做研发，但是研发成果不能转换成无形资产。

比如，某公司的注册资金为100万元，为提高公司竞争力及扩大业务范围，希望公司的注册资金能达到500万元，可以怎样做呢？购买无形资产就是一个不错的选择。根据对行业趋势的研究判断，公司用100万元购入未来一年内升值潜力极大的无形资产。然后，找有资质的评估公司对其进行评估。如果评估结果为400万元并获得证书，这时公司有100万元的现金投入和400万元的无形资产投入，注册资金就达到了500万元。

从某种角度上讲，无形资产还可以分为报表上的无形资产和实际无形资产。实际无形资产就是我们没有在账上记录的无形资产。比如如果不进行并购，企业品牌并不能变成商誉。企业流程、管理系统、核心技术、管理团队、供应链资源、客户资源也都是没有办法在报表上记账的。华为在1997年花了3000万美元提升华为的流程管理，但相关费用并没有在报表中体现。

既然无形资产可以分为报表上的无形资产和实际无形资产，我们在经营时就不能只有报表上的无形资产的思维，还得有实际无形资产的思维。

这里给大家几个建议：第一，民营企业尽量不要去确认无形资产，能费用化的尽量费用化，这样做一方面可以节税，另一方面可以简化无形资产的核算（因为无形资产核算要按年进行分摊）。第二，如果你的企业想上市，那还是要尽可能增加一些无形资产，或者想要节税，也可以用无形资产做投资。

但是，我发现很多企业都有一个问题，想到一个项目就投钱做研发，研发后准备申请专利，结果发现已经有人把专利申请了，前面的投入打了水漂。企业想要上市，要进行无形资产（专利技术）的布局，一定要先做调研。

还有一类特别容易被老板或者民营企业忽视的无形资产，就是数据资产。什么是数据资产呢？企业在经营的过程中产生了大量的数据，包括采购数据、销售数据、运营数据、财务数据等，这些数据也是重大的资产。它的价值极大，但是很容易被忽视，而且一旦被忽视，它的价值基本上就归零了。

数据资产的生产成本极低，管理的过程中很容易就能获得，财务部门最应该重视数据资产的管理，应主动承担数据资产管理的责任。

如何评估无形资产的价值，或者说企业购买的无形资产到底按照什么价格计算成本？有以下三种方法。

第一，按历史成本计算。10 年前购买的土地花费 500 万元，那么记账时，该土地按其实际发生的支出 500 万元入账。即使 10 年后，该土地市价已达 5 亿元，也不对其原来的入账价值进行调整，在账面上仍为原来取得该土地的实际成本，即 500 万元。

第二，按重置成本计算。10 年前我买的土地花了 500 万元，而且当时是在郊区。10 年过去了，这块地已经在市中心了，价值不是 500 万元而是 5 亿元。再买这块地我要花 5 亿元，重置成本就是 5 亿元。

第三，按收益折现法计算。根据无形资产的经济利益或未来现金流的现值计算无形资产的价值，如商誉、特许经营权等。

有些无形资产也要做摊销，像土地使用权、商标权、专利权都有使用年限，我们一般采用直线法进行摊销，花 1 亿元购买的专利能使用 10 年，那每年的净管理费用就是 1000 万元。

有些无形资产是没有使用时间限制的，比如商誉，这时就不需要进行价值摊销了。随着企业的衰败，有些商誉或品牌可以做减值。比如企业商誉原本价值 2 亿元，后面出了一点问题，只值 5000 万元了，这时就要减掉 1.5 亿元，把 1.5 亿元计入费用，做无形资产的减值准备。

总的来说，无形资产是企业未来资产中非常重要的一块，而且占企业资产比重会越来越大。随着社会的发展，老板会从原来重视买土地、买厂房、买机器设备转为重视专利和技术。

第五章

财务管控：
钱要多赚、快赚，
还要稳赚

企业负债的六大方面

负债是指过去的交易或事项所引起的企业的现有债务，这种债务需要企业在将来以转移资产或提供劳务等方式清偿，从而引起未来经济利益的流出。

除投资者投入以外，向银行或金融机构借入的资金是企业生产经营活动的资金来源，属于企业负债。

企业购买原材料、商品等或接受其他单位劳务供应而欠的其他款项，接受投资者投入而应付给投资者的利润，以及应缴纳的税金、应付给员工的工资和福利等，也属于企业负债。

通常情况下，企业负债可以分为流动负债和长期负债，流动负债指应付工资和贷款等在较短的营业周期内即可偿还的负债，长期负债则是指借款、债券等债务。

下面详细介绍企业负债的六大方面。

1.欠银行的

欠银行的借款包括长期借款和短期借款。在中国，银行贷款的利率一般高于民营企业的平均投资回报率。所以，我建议小公司尽量找投资，比如天使投资、风险投资、VC投资等，避免向银行贷款；而大公司如果能贷到款，就尽量不要找投资。总结一下，就是“小企业能投不借，大企业能借不投”。

基于监督要求以及对贷款的风险控制需要，现在一些银行也规定企业借款前必须先把欠债还清。

另外，需要着重关注的一点就是绝对不能短贷长投，即用短期的贷款来做长期的固定资产投资。

在经济比较景气、企业经营状况良好且融资环境比较宽松时，短贷长投的财务风险容易被老板忽略，而一旦企业效益不理想或经济政策发生变化，企业就要面对资金缺口大、资金链断裂等风险，甚至破产倒闭。

2.欠供应商的

欠供应商的其实就是企业的应付账款，与企业的商业模式有关。

例如，苏宁、国美等企业采用“供应商管理库存”的经营模式。也就是说，所有的存货都不是企业自己的，而是供应商的，只有把货物卖出去了才算企业的。

然而，顾客去苏宁、国美购物时从来没有赊账行为，所以对于企业来说，应收账款的天数为零。

但企业往往是在销售后的90天给厂家结算货款，假如一年要做1200亿元的营业额，按照90天的周转天数计算，需要周转4次。1200亿元除以4为300亿元，这300亿元不是负的，而是正的。

这就意味着苏宁、国美在营运的过程中不但不需要运转资金，反而口袋里多了 300 亿元。

3.欠客户的

欠客户的钱也叫预收账款，指企业向购货方预收的购货定金或部分货款，企业预收的货款待实际出售商品或提供劳务时再行冲减。预收账款虽然在账面上显示为负债，但本质上是企业在未来将实现的收入，并且一般不需要还款。

预收账款的多少也与企业的商业模式息息相关。房地产企业一般采用预售制，账面上会有大量的预收款；经常逛超市的顾客会购买购物卡以换取折扣，商超收到的钱就会计入预收款。

4.欠员工的

即应付职工薪酬，包括职工的工资、奖金、保险、公积金、福利（货币或非货币）、工会经费、职工教育经费、辞退补偿等。

一般情况下职工的月工资是次月的 15 日发放，我们就可以理解为企业欠员工 15 天的工资。2018 年海天味业应付职工薪酬为 4.8 亿元，2019 年增至 7 亿元，同比增长 45%，主要由企业员工数和薪酬水平上涨所致，这也从侧面反映了企业规模的扩大。

5. 欠国家的

欠国家的钱主要就是税收与社保。税收是无法回避的，税收的本质是向国家购买经商的权利和商务环境所花的代价，你在这方面投资越少，你的权利就越小，你的经商环境就越恶劣。

6. 欠股东的

欠股东的主要是分红。这里要重点关注股东借钱给公司的问题。企业股东把钱借给自己公司，有可能是企业的注册资金太少了，也有可能是企业涉嫌买发票，或者是隐藏收入等，存在历史的原罪。

不管是买发票还是隐藏收入，股东把钱借给自己公司，形成其他应付款，这是很容易被税务机构关注的。很多民营企业是不分红的，企业的未分配利润越来越多，最后导致股东没把钱拿走。

不分红的原因有很多，其中一个重要原因就是企业缺钱扩张。企业在扩张时需要大量的资金，所以根本就不考虑分红。

但是，我建议只要有利润，一定要分红。而且分红以后，股东拿不拿走还不一定；拿走以后也可以再把钱投回来，增加注册资本金，或者是借给自己公司。但不分红肯定是最差的选择。

大家要记住，分红和把钱拿走是两回事。分红是把利润转到应付股利里，只有把应付股利转到银行存款，才是最终把钱拿走；挂在负债里，并不是把钱拿走。

所有者权益的四种形式

资产等于负债加所有者权益，什么是所有者权益？怎么理解所有者权益？所有者权益是资产负债表中最重要的一块，那么我们都有哪些权益？

1.实收资本

从某种角度讲实收资本也是注册资本金，在营业执照上显示为注册资金。实收资本更多的是实缴部分，也就是认缴部分，在财务报表中是没有的，只是你对市场监督管理局的一个承诺，认缴多少就承担多少责任。

实收资本在有限责任公司叫实收资本，在股份有限公司就叫股本，用的词不一样。实收资本的钱主要来自哪里？主要就是股东投进公司的钱，当然还有公司赚的钱，股东不拿走分红，继续转成实收资本，就相当于把钱拿走以后又投回公司，叫转增的实收资本。

从某种角度讲，注册资金代表企业承担的责任，注册资金越高，承担的责任就越大。如果以后产生债务纠纷，注册资金认缴的数额就是企业赔偿的最高上限。当然也有人认为企业的注册资金越大，说明企业的实力越雄厚。但事实并非如此，比如金财公司的注册资金就不是太大，但是账上的现金都是数以亿计的。

此外，针对招标企业，很多时候注册资金的多少决定着企业对某个项目是否有招标权。因为大众已经默认公司规模和注册资金成正比，注册资金会使客户对公司实力的认识产生影响，注册资金越高，对公司承揽业务越有利。

2.资本公积

资本公积是指企业在经营过程中接受捐赠、股本溢价以及法定财产重估增值等所形成的公积金，主要包括资本（股本）溢价、其他资本公积、资产评估增值和资本折算差额。

资本（股本）溢价指的是股东投进来的实际资金超过注册资本金的部分。下面，我来举个例子，大家就容易理解了。

我和张三共同成立了一家公司，想拉李四投资，每人各投10万元，各占33.3%的股份。李四有些犹豫，说他再看看情况。

于是，我跟张三两个人各拿了10万元成立了公司。一年以后，公司规模有了，利润也有了，经营情况不错。这时，李四跑来说愿意投资，想投10万元占33.3%的股份。

大家想一下，我跟张三会同意吗？一年前创业的时候，提出大家各出10万元股份，李四没入股，现在我们俩已经把公司做到一定规模了，李四提出拿 10 万元投资占 33.3% 的股份，我和张三肯定不会同意。

但是，我们觉得李四是个人才，提出李四投 100 万元，占 30% 的股份。这时，我和张三用 20 万元占股 70%，注册资金就由原来的 20 万元变成现在的 28.57 万元（20 万元 ÷70%=28.57 万元）。李四则用 8.57 万元占股 30%，余下的 91.43 万元就作为资本公积。

后因公司经营需要，我们三个股东一致同意，将资本公积转增注册资金，注册资金从原来的 28.57 万元增加到 90 万元。

经营几年后，风险投资机构给企业投资 3000 万元，只占 10% 的股份，公司的注册资金由原来的 90 万元变成 100 万元。这时，投资的 3000 万元里只有 10 万元计入实收资本，另外 2990 万元计入资本公积。

后来，一个投资商给公司捐了 1 亿元。这 1 亿元不用还——需要还的叫负债，也不占股份，占股份的叫投资。这 1 亿元为捐赠，也是资本公积。

另外，我们用权益法核算的股权投资准备和拨款准备也是资本公积。如果别人以美元而不是人民币投资，美元跟人民币之间的折算差额也可以计入资本公积。

3. 盈余公积

盈余公积即盈余公积金，一般也叫储备金，主要用来弥补亏损、扩大经营和转增资本。企业亏损了，可以用盈余公积来弥补；企业扩大经营，或者说做风险提留，也会提盈余公积。

举个例子，企业注册资本100万元，今年产生了1000万元利润，是不是所有股东把1000万元分光？不一定。可以拿出400万元用作盈余公积，600万元分红，这400万元用于扩大再生产，或者用于处理企业经营中遇到的风险，也可以转入注册资本金。企业的注册资本金就从原来的100万元变为500万元。

盈余公积分为两大类，即法定盈余公积和任意盈余公积，简称法定公积金和任意公积金。

法定公积金也叫强制公积金，就是按照《公司法》规定，每年要提10%的利润作为法定公积金。也就是说公司一年有1000万元的利润，至少要拿出10%，也就是100万元。

《公司法》又规定，如果企业的盈余公积提取到注册资金的50%，就可以不用再提了。也就是如果公司利润为1000万元，注册资金为100万元，只需提50万元法定公积金，或者第一年提100万元，第二年就不用再提了。

要强调的是法定公积金转为资本时，所留存的该项公积金不得少于转增前公司注册资本的25%。假如公司盈余公积共有500万元，注册资金也有500万元，那么最多只能转增375万元，必须保留注册资金的25%，即125万元。

任意公积金的提取比例由企业自行决定。比如有的企业想要先苦后甜，把刚开始赚的钱留下来扩大企业的生产规模，每年提利润的30%用于扩张，30%用于风险准备，也可以最近5年不分红或就分10%，剩下的90%用作任意公积金。

另外，还有法定公益金，用以解决员工福利的问题，比如提当年利润的5%~10%建食堂、建宿舍等。2006年后，法定公益金取消并入任意公积金。

4.未分配利润

未分配利润是指企业实现的净利润经过弥补亏损、缴纳税金、提取盈余公积和向投资者分配后留存在企业的、历年结存的利润。

在这里，我详细介绍下利润分配顺序。

假如企业实现1000万元的利润，按照以下顺序进行分配：

第一步，先弥补以前的亏损，假如以前还累计有100万元的亏损，就先把这100万元的亏损补上。

第二步，缴纳企业所得税。假如要交225万元的企业所得税，900万元减掉225万元，还有675万元的税后利润。

假设提67.5万元的法定盈余公积，再提232.5万元任意盈余公积，共凑满300万元的盈余公积。这时，就剩下375万元了，375万元先给优先股股东分红，再给普通股股东分红。

假设股东分红200万元，最后剩下的175万元为年终的未分配利润。如果公司往年还有200万元未分配利润，共有375万元的未分配利润。未分配利润累积滚动，如果股东是个人，还会涉及20%的个人所得税。

出于各种原因，我们要平衡各个会计年度的投资回报水平，以丰补歉，留有余地。比如，今年利润高，就少分一点；下一年有亏损，还能拿给股东分红，提振信心。当然，上市公司实现的净利润是不允许全部分完的，要留一部分到以后年度来分，滚动积累，结余在未分配利润科目，反映的就是公司多年累计下来的未分配利润。

下面重点谈一下民企。民企不分红就会导致未分配利润巨大，后期个人所得税就特别高。

所以，建议尽量不要留太多未分配利润，要么分掉，要么用来转增资本。分给谁呢？老板可以再成立一家X公司，由X公司控制主体公司。

根据我国税法规定，居民企业之间分红免税。利润分给X公司，X公司再投到主体公司……所以，X公司就相当于老板的钱包。老板的钱从此放进两个口袋，一个叫左口袋，一个叫右口袋。左边的口袋用来消费，右边的口袋用来投资。老板赚100万元时，这100万元可以放在左口袋用来消费。老板赚1000万元时，200万元放在左口袋用来消费，800万元放在X公司用来投资。

总结一下，未分配利润分两大块：一块留在公司用于以后年度分红，一块未指明特定用途。所以说，企业对于未分配利润的使用还是有比较大的自主权的。

当然，如果大股东不想分红，小股东是可以起诉大股东的。根据我国《公司法》第七十四条的规定，公司连续五年不向股东分配利润，而公司该五年连续盈利，并且符合法律规定的分配利润条件的，对股东会利润分配决议投反对票的股东，可以请求以合理的价格收购其股权。

收入确认的两个关键

很多人对收入确认存在困惑，为了方便大家了解收入确认，先讲几个案例。

一家培训公司收到了学员交纳的10万元培训费，但是学员还没有来上课，培训公司需要给销售人员发提成吗？这10万元培训费算作确认收入还是预收款？

一家工程公司签下了一个工程项目的合同，是马上就给业务员发提成，还是等项目有了一定进度，收到部分工程款之后再发提成？

员工肯定希望提成早点到手，能越早拿到提成，他的工作积极性就越高。员工的提成何时发放，是以钱款到账为发放标准，还是以货发出了为发放标准，这就涉及收入确认的问题。

如果企业想要上市，利润越高，上市估值就越高，企业就越值钱。企业利润的确认与收入确认密切相关，合理确认收入和费用，是正确确认利润的前提。

一家培训公司于12月1日开张，定于次年2月开始授课。在12月1日至12月31日这一个月的时间内，共收取培训费1000万元。因为客户没有来上课，所以这1000万元培训费不能算作收入，只能算作预收款。这样算下来，这家公司12月的收入是0，却产生了营销成本。因此，公司的经营实际上是亏损的。

一家培训公司的会员收费标准是每年13000元，客户可以获得6次课程以及随时咨询解惑的权益。

这家公司最开始的收入确认方式是：当月确认2000元算作收入，剩下的11000元算作预收款，在后面的11个月内平均算进收入。

后来，这家公司想要在新三板上市，会计师事务所要求它按月平均确认收入。再后来，这家公司新三板摘牌了，想在创业板上市，但又在收入确认这方面出了问题。

什么问题呢？原来，这家公司是根据客户上课次数来进行收入确认，即13000元按6次课确认，每上一次课确认1/6。假如客户剩余3次课时不来了，那么到第12个月会员卡到期时，确认剩下的一半；如果客户全年只上了一次课，也就是说平时只确认了1/6，就在最后一个月确认剩下的5/6；如果客户一次课都没上，就在最后一个月确认13000元。

假如这13000元收入全部在最后一个月确认，就意味着这家公司在一年中只有最后一个月有收入，但是成本每个月都在发生，即公司一直处于亏损状态。

通过以上案例，大家可能已经大概了解了什么是收入确认。收到了现金，只要还没有提供服务，就只能叫预收款；提供了服务，交付了产品，才算实现销售收入。有一句话说，你收到的钱不是你挣的钱，你挣的钱是你会计上确认的收入和利润。也就是说，会计确认收入和实际收到钱是两回事。

到底是先收钱还是后收钱，已经确认的收入有没有实际收到钱，都决定了收入的含金量。我们看利润表，除了看企业的收入，还有必要看现金收入以及现金收入占全部收入的比重。

收入确认规则的确定，对公司利润表影响非常大。很多上市公司就利用规则的漏洞来粉饰报表，想利润高一点就利润高一点，想利润低一点就利润低一点。为了减少收入确认的操纵空间，最新的会计准则明确了收入确认的两个关键：一是合同，二是收入确认的时点。

1.合同

只要合同满足五个条件，就要进行收入确认。

第一，老板同意。会计准则里这么说的：合同各方已批准该合同，并承诺将履行各自的义务。说白了就是合同签了，而且决定这么干了，就是老板同意了。

第二，买卖的是什么东西很清楚。会计准则里是这么说的：该合同明确了合同各方与所转让商品或提供服务相关的权利和义务。就是合同上清楚约定了要买什么和卖什么。

第三，合同有明确的与所转让商品相关的支付条款，就是明确了怎么付钱。

第四，合同具有真实的商业实质，即履行该合同将改变企业未来现金流量的风险、时间分布和金额。也就是说合同只要执行了，我要么可以赚钱，要么可以省钱，是真实的买卖。

第五，企业因向客户转让商品而取得的对价很有可能收回。就是说我给你提供商品，并很有可能收到货款。

前面三个条件我们比较容易理解，下面重点讲讲第四个、第五个条件，举两个例子。

两个石油公司，一个在北京，一个在深圳。北京的公司说它在深圳没有石油，深圳的公司说它在北京没有石油。两个公司说大家交换石油，这样可省掉运费，满足各自不同地点的客户需求，深圳客户的石油深圳公司来送，北京客户的石油北京公司来送。在这个案例中，两家公司以物易物，根本就没有收钱，对价就不能全都收回。

一家动漫公司授权一个包子铺使用自己的包子卡通形象，包子铺每年要支付动漫公司 120 万元的卡通形象使用费，支付 5 年，共 600 万元。

情景一：包子铺一开始就没有稳定的现金流，动漫公司判断包子铺有可能支付不起使用费，就不能确认 120 万元的收入。连合同成立的条件都不满足，收入确认的后续步骤也无从谈起。即便包子铺付了第一年的使用费，动漫公司也只能对这一笔款项确认收入，因为包子铺也很有可能付不起后续款项，收入合同条件是不满足的。

情景二：假如包子铺经营正常，但是因为有顾客在网上吐槽包子铺的包子难吃、贵、不卫生，包子铺遭受了舆论危机，并且也没有很好处理。受此影响，包子铺的生意断崖式下降，财务状况急剧恶化。此时，动漫公司也认为包子铺继续支付卡通形象使用费的可能性很低，所以就不能再把剩余的卡通形象使用费确认为特许权使用费收入，同时评估应收款项是否发生减值。

2.确认收入的时点

对于在某一时点履行的约定义务，企业在客户取得相关商品控制权的时候，就要确认收入。怎么判断客户是否已经取得了商品的控制权，可以从以下四个方面考虑：

第一，现款现货。企业收款的时候就把货发给客户，这就等于客户已经取得了商品的控制权。

第二，企业将商品的法定所有权转移给客户。比如我把房子已经过户给你了，你就有了房子的所有权了。

第三，企业将商品实物转移给客户，客户已经实际占有了商品。比如我把货给你了，拿不回来了，收入就可以确认了。

第四，已经将商品所有权的主要风险和报酬转移给客户，客户已经取得了商品所有权上的主要风险和报酬。比如，我给你的是一只能下金蛋的母鸡，母鸡以后下的金蛋也归你了，如果母鸡不下蛋了或者死了，那风险也是你的了。

最后说一下，我们在税务上的收入确认与会计准则上的收入确认是不一样的。税务确认是依据税法，会计做账是依据会计准则。比如，你收到款了，客户没来上课，那就是预收款，不确认收入，就不用交税。收入确认了，产生利润了，就要交企业所得税。

成本与三大期间费用

企业成本分为两类：一类是直接的产品成本，另一类是三大期间费用，包括管理费用、销售费用和财务费用（见图 5-1）。产品成本跟某一产品直接相关，包括材料费、人工，还有油、电、包装品等相关的制造费用。

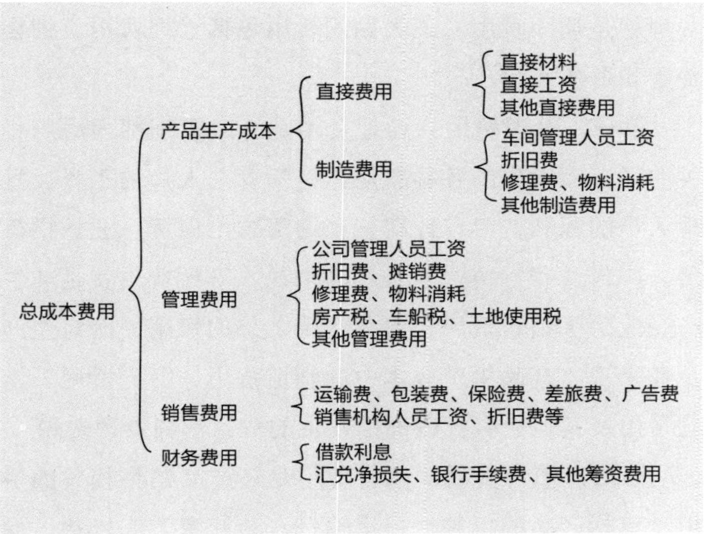

图 5-1 产品成本费用分析

也就是说，直接材料、直接人工和制造费用这三者都可以计入产品生产成本。产品卖掉，我们就要去确认它的成本。但是还有些费用与具体生产的某个产品没有关系，比如财务总监的工资，购买办公用品的费用，董事长、总裁的差旅费，产品的推广费等。这些费用不能直接记录到具体某一个产品中。这些不能直接记录到某个产品成本的费用，叫作期间费用。

1.三大期间费用

期间费用是期间概念，这个月发生的记到这个月，下个月发生的记到下个月，与具体某一个产品没有关系，而是一个费用的类别。日常活动中发生的、不能直接记录特定核算对象的成本，而是计入发生当期损益的费用就是期间费用。三大期间费用包括管理费用、销售费用和财务费用。

第一，管理费用。管理费用是行政管理部门组织相关的经营而发生的各种费用，包括管理人员的工资、管理人员的福利费、审计费、咨询费、培训费、业务招待费、广告费和宣传费等。总的来说，管理费用就是非生产企业除了销售费用、财务费用之外的费用。而对生产企业来说，产品生产成本中的制造费用、财务费用、销售费用及其他所有行政部门发生的费用都叫管理费用。

第二，销售费用。销售费用是与产品销售相关的费用，包括产品的包装费、运输费、装卸费、广告费、保险费、手续费、展览费，销售人员的工资、提成和差旅费等。其中，管理人员的差旅费算在管理费用里，销售人员的差旅费算在销售费用里。另外，销售部门相关设备的折旧费、维修费、物料消耗以及低值易耗品摊销等，都算是销售费用。

第三，财务费用。财务费用是与资金相关的费用，包括经营期间发生的各种利息支出。比如，我的贷款利息为 100 万元，我的存款又产生了 40 万元利息收入，那么我的利息支出就是 60 万元。在商品买卖的过程中，如果用美元结算，那么美元与人民币之间的汇率差额都算作财务费用。金融机构的手续费以及银行承兑汇票或商业承兑汇票贴现产生的贴息等都是财务费用。

这三大费用很细很碎，可能每一次产生的费用就几元、几百元、几千元、几万元，但是非常值得企业去关注。如果企业不能管控好费用，利润也就被牺牲了。

2.五种常见关键的期间费用分析

如果只是按照管理费用、销售费用、财务费用来分类，想要讲清楚费用的来龙去脉是很困难的。因此，在做经营分析时，企业要打破管理费用、销售费用、财务费用的划分，对这三大期间费用重新分类。

企业可以按与业务的紧密度划分。通过计算收入与费用的比率，来计算每一元费用投入所带来的收入变化。假如我上年投入的费用是 500 万元，收入是 1 亿元，毛利是 2000 万元，也就是说 500 万元的费用投入在带来 1 亿元的销售收入的同时带来了 2000 万元的毛利。业务人员能否控制成本呢？

通常来说，一个产品的成本在设计和生产的过程当中就已经确定了，销售人员不会对成本产生太大的影响。因此可以用费用除以人数来计算人均费用的支出，分析费用管控的效果。

接下来，我们来讲一下几种比较关键的费用。

第一，人力资源管理费用。前面提到，销售人员的费用算在销售费用里，管理人员的费用算在管理费用里，但实际上，二者都属于人力资源的费用，包括工资、社保、公积金和各种福利。

如何分析人力资源的费用？用收入除以人力资源费用，与其他年份、月份进行对比，分析人数的变动有没有带来业绩的变动。根据这一分析结果，企业就可以决定是裁员，还是招新。

举个例子，上个月企业共有业务人员 200 人，业务收入为 2000 万元；这个月，企业共有业务人员 250 人，业务收入为 2600 万元。也就是说，增加的这 50 个业务人员为企业增加了 600 万元的收入，那么企业就可以多招聘几个业务人员。对于后台管理部门，可以用人力资源费用除以人数分析人均费用，通过分析结果优化职能部门。

第二，推广费。推广费包括广告费、流量费等。通过对比推广前和推广后公司注册用户或公司会员数量的变化分析公司推广的效果，计算付费用户的获客成本。

比如，每 1 万元的推广费能带来多少个用户，这些用户中有多少能转化为会员用户。计算并对比每一个付费用户和正式用户的成本和带来的平均毛利，对比二者之间的差距。假如一个付费用户的获客成本是 8000 元，一个正式用户带来的毛利是 4000 元，一个付费用户的获客成本远远大于一个正式用户带来的平均毛利，说明企业的用户转换率太低了，应提高整体用户运营效率和转化率。

转化率与推广有没有关系？推广的作用是让客户知道平台，至于他是否愿意在平台消费，就要看平台运营管理能力。

第三，房租与物业水电费。针对规模不断扩张的公司来说，开办新公司要租很多场地，就要计算每 1 元房租与物业水电费的投入能带来多少销售收入。这时，公司可以做同比和环比分析，同比就是今年的 8 月份跟上年的 8 月份比，环比就是今年的 8 月份跟今年的 7 月份比，看规模扩张有没有带来收入或业绩的增长，以此来评价公司规模扩张的效果。

第四，差旅费和业务招待费。对业务部门进行差旅费、招待费分析时，要用收入除以差旅招待费，算算每 1 元差旅招待费带来多少收入的变化。通过同比或环比分析，以评价出差、客勤维护的效率。

这样，不仅能减少盲目的出差和招待，看到最后产生的签单、成交的效果，也能看到公司是否存在虚假报销的情况。比如，一家公司差旅费和招待费不断上涨，收入却没有变化，说明其很有可能存在虚假报销的情况。

第五，办公费。用办公费除以人数来算人均办公费的指标变化，通过它来评价费用管控的情况。办公用品主要就是纸、笔、硒鼓、打印机墨盒等，只要金额不是特别大，人均费用特别低，那直接用人均办公费来观察变化就可以了。

3. 三大费用管控原则

第一，先开源后节流。经营企业就必须学会花钱，把钱花到更有价值的地方，使企业获得更多的利润。

第二，只控制不压制。企业可以想办法控制费用，但不能压制该花的钱，例如员工工资、福利等。

第三，前端优于后端。也就是说，费用要尽可能地向前端倾斜，因为前端毕竟是在开源，是为企业带来收入的，后端管控可以稍微紧一点。

成本管控的分类及方法

成本是企业管控中非常重要的一个内容，但是很多企业算不清楚成本，导致管理中产生很多矛盾。算不清楚成本，就算不清楚利润，也没法做出决策。

我的一个山东烟台客户在云南有一个代理商，对方想做云南总代理，提出在客户出厂价的基础上加上他想要赚的钱作为他的报价。

但是，这个客户跑过来和我说他的成本算不清楚，导致没办法报价，签不了合同。所以，没有管控好成本，算不清楚成本，企业会白白地错失很多机会。

有的民营企业老板总是抱怨财务的成本算不准，财务人员感觉自己很委屈。

后来，我们在跟财务和老板分别沟通后找到了原因。老板要的成本是决策的相关成本，是未来的；财务是按照会计准则算的历史成本，是过去的。

很多财务要么是帮税务局算成本，要么是帮上市公司股民算成本，就是没给老板算成本。

1.企业成本的四大分类

（1）相关成本与不相关成本。

相关成本是指与决策方案相关联的成本，在做决策时要仔细考虑；非相关成本是指对决策没有影响的成本，在决策时不用考虑。

（2）固定成本与变动成本。

固定成本是不随销量增加而增加的成本，比如房租；变动成本随销量发生变化，销量越多，成本越高，比如税金、员工提成、商品成本等。

（3）显性成本与隐性成本。

显性成本是我们能看到的，隐性成本是海平面以下的冰山。机会的损失、客户的不满意都是隐性成本。我们表面上看不到这种成本，但是其远远超过海平面以上的冰山，是更大的成本。

（4）可控成本与不可控成本。

有些成本是可以降低的，比如一些材料和费用；有些成本是降低不了的，比如盖厂房，厂房的制造成本是不好控制的，除非你把厂房卖了。

成本是有不同分类的，站到不同角度最后算的成本几乎都不一样。

销售产品肯定都是有成本的，商贸行业的进货价格就是成本；制造行业的成本就比较复杂，很多民营制造企业的成本基本就是一个毛估、一个大概。

2.制造成本的计算方法

制造成本包括直接材料成本、直接人工成本和制造费用。制造成本的计算方法有四种：品种法、分批法、分步法和标准成本法。

（1）品种法。

这也是企业用得比较多的一种方法。先把每一种产品作为一个成本对象，再把产品消耗的各种材料成本、人工费用归进去，得出产品的总成本，用总成本除以产品的数量，就得到每一种产品的单位成本。

（2）分批法。

把每一批产品作为一个成本对象，按照产品批别归集生产费用、计算产品成本。

理论上，分批法相较于品种法复杂一些，主要适用于单件和大批的多步骤生产。例如重型机床、船舶、精密仪器和专用设备等的生产。

（3）分步法。

分步法是按产品的生产步骤归集生产费用、计算产品成本的一种方法。适用于大量或大批的多步骤生产，例如纺织、造纸等。

实际生产过程中，由于产品制造工序多、数量大，在某一时间上往往既有已完工的产成品，又有未完工的半成品，不可能等全部产品完工之后再计算成本。因此，每一步、每一个环节的成本都要单独计算。最后，把产成品每个步骤的成本相加，就得到产品的单位总成本。

（4）标准成本法。

标准成本法使用起来比较简单，先设定标准成本，再计算成本差异，最后得到真实成本。现在很多企业都在使用标准成本法，标准成本法也是效率比较高、对提升管理比较有效的方法。

计算制造成本的关键是收集产品用料、用工等各种准确数据。怎样才能收集到准确的数据？第一，流程要科学；第二，流程容易被执行。

3.成本管控的五个要点

（1）控制成本，不仅为增加利润，更为获得竞争优势。

假如你的成本是 100 元，我的成本是 80 元，你报价 120 元才能挣钱，我报价 100 元就能挣钱，我就获得了抢占市场的竞争优势。

（2）成本不等于客户认可的价值。

有时成本中包含太多的浪费、损失、低效、等待等无效成本，这些都是客户不认可的。降低成本，有时并不是降低成本本身，而是减少那些无效成本，不是所有成本都是客户认可的价值。

（3）增加利润，不是只有降低成本，还可以增加成本。

比如，在增加客户价值的同时，我们可以增加一点点成本，结果客户满意度大增。这时我们也可以适当提高价格，增加利润。所以增加利润不见得只有降低成本，有时增加一点点成本，也能增加利润。

（4）低成本不是目的，高利润才是目的。

不要把时间和精力都花在降低成本上，花时间去做产品结构的升级或调整，去做开源，获得的利润可能更高。低成本不是目的，高利润才是目的。

（5）成本文化是管理者文化，管理者文化决定企业文化。

如果老板很重视成本管理，那么，企业就必然能较好地控制成本；如果老板认为管理得差不多就可以，根本就不关心成本，那么，企业是不容易做到成本精细化管理的。

老板的性格就是企业的性格，老板的文化就是企业的文化。所以说，老板的文化就决定了管理者的文化，管理者的文化就决定了企业的成本文化。

第六章

精细管理：阿米巴与ERP软件

阿米巴模式的中国化实操

我们先来聊一聊什么是阿米巴，以及如何理解阿米巴核算和阿米巴经营。

1.阿米巴和责任中心

稻盛和夫在27岁时创办了京都陶瓷株式会社，并将其发展为世界500强；在52岁时又创办了日本第二大通信企业——KDDI，也将其发展为世界500强；在79岁时他又接管了日本航空公司，花了一年左右的时间，让公司扭亏为盈，重新上市。

稻盛和夫的经营秘诀是什么？就是阿米巴。阿米巴有三个核心：第一，经营哲学；第二，阿米巴的组织划分；第三，阿米巴的经营会计。

我在上课的时候也经常会讲稻盛和夫成功的两大秘诀：一手抓哲学，一手抓算盘。哲学就是经营哲学，算盘就是组织划分和经营会计。

什么是阿米巴？其实阿米巴就是变形虫，一种单细胞生物，它的身体非常柔软，能够向各个方向伸出去，它的形体变化不定，会不断地自我调整以适应生存环境。稻盛和夫以“变形虫”命名他的组织划分与经营会计模式。

所以，结合组织划分，你可以把阿米巴理解为一个“变形虫”，就是把一个企业拆分成无数个小的组织，使每一个组织都能独立出报表，能独立核算经营成果和利润等。组织不断划分缩小，是我们对阿米巴最简单的理解。

很多的500强企业都会用责任中心的概念，我在财务课上也讲过责任中心，责任中心分为收入中心、成本中心或费用中心、利润中心、投资中心。图6-1为责任中心结构图。

收入中心只对收入负责，成本中心或费用中心基本只涉及成本，没有收入，利润中心既涉及收入又涉及成

责任中心	成本	费用	收入	营运利润	投资回报
成本中心	√	√			
费用中心		√			
收入中心		√	√		
利润中心		√		√	
投资中心		√			√

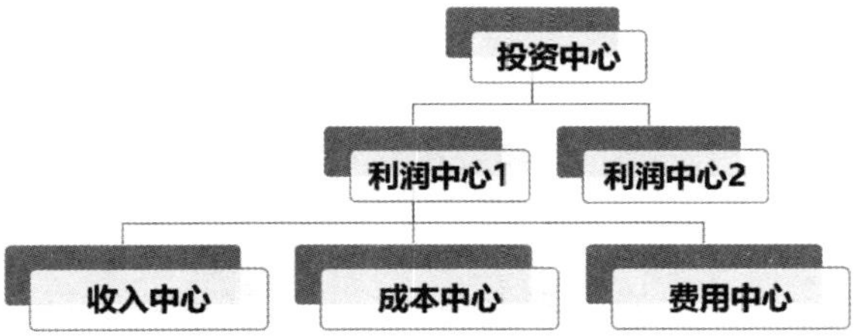

图6-1 责任中心结构图

本。一个独立合创的事业部可能就是一个利润中心，既有收入也有成本。

对每个中心考核的指标是不一样的。对投资中心，不仅要考虑收入、成本、利润，还要考虑投资回报率；对利润中心，要考虑利润率；对成本中心，就要考虑成本的变动率，或者是成本改善率。

阿米巴从某种角度讲就是一个利润中心。

比如，一个车间生产出的产品的最终售价是100元，但产品并不是由生产部门来销售，而是由销售部门来销售，销售部门卖出100元，这100元就分为了两大板块：一块是生产，一块是销售。售价为100元，生产成本可能为30元，这时，内部组织就划分为生产部门和销售部门。生产部门将产品以60元的内部价格卖给销售部门，生产部门的利润就是30元，销售部门的成本就是60元。销售部门以100元的价格卖给客户，利润就是40元。

通过上面例子我们发现，生产部门卖给销售部门的内部定价很关键。价格定得高，生产部门的利润就高；价格定得低，销售部门的利润就高。那么这个内部价格由谁来定呢？肯定不能是生产部门或销售部门，因为这样会导致组织内耗。为了实现真正的公平公正，确保企业整体战略平稳发展，就需要由更高级的组织来确定价格。

稻盛和夫反复强调经营的哲学，将“敬天爱人”这个词引入核算，成为避免各个组织之间内耗的工具。

很多人学阿米巴，只学了怎么划分组织、怎么算账，却没有把经营哲学融入企业经营中，导致阿米巴落地的时候出现了很多问题。金财公司做了很多阿米巴的烂尾工程，这些企业找做阿米巴的团队做咨询，结果做了一半就做不下去了，一方面是因为财务没有捋顺，另一方面就是没有办法导入阿米巴的经营哲学。

中国跟日本有很大的文化差异，日本很多企业实行终身制，员工一干干到退休，但中国的很多企业不是，所以大家可能会各打各的算盘。很多世界500强企业不可能跟员工谈那么多经营哲学，更多用的是责任中心，阿米巴相对来说少一些。

2.阿米巴的运用

以金财为例，金财划分为前端和后端：前端主要是获取客户的营销端，后端主要是交付端。一个100万元的咨询案，我们做前端和后端的切割，40%是前端，60%是后端。实际上一般前端、后端分割比例是董事长综合考虑行业行规、惯例等决定的。金财根据真实的数据模拟出来“四六开”。

我们按四六划分，40%的营销前端里又分为很多事业部，比如事业一部、事业二部、新媒体事业部、战略渠道事业部等，每个事业部都是独立核算的，业绩独立、收入独立。每一个事业部还有很多公司，比如事业一部下属有25家分公司，每一家公司也都是独立核算的。2021年每一家公司还分成不同的总监团队，每一个团队也都是独立核算的。营销前端不断细分，几个小的阿米巴合在一起，成为一个更大的阿米巴。

咨询后端也是如此。咨询后端也分成咨询事业一部、咨询事业二部、咨询事业三部等，每个部门都有一个总经理和10个左右合伙人，每个合伙人监管3~5个总监，每个总监又带着自己的项目经理成立一个独立的经营体。几个事业部组合到一起就成为咨询后端。

也就是说，不管是前端还是后端，都做了组织的划分，每个组织都有自己的成本和收入。将100万元的咨询费进行分割，去掉提成和劳务费，就算出阿米巴利润。

这种划分有什么好处？能够提高员工的积极性。稻盛和夫提出，把公司做大、组织做小，一个公司里有很多个组织，每个员工都关心组织，通过这样来关心整体利益。

阿米巴经营，每一个组织、每一个事业部都要有报表。咨询行业也是如此。这个报表和传统的财务报表有区别，传统的财务报表是按会计准则设计的，但是对于企业经营管理来说，不如经营会计报表容易看懂。

经营会计报表是在原来的损益表或利润表的基础上改造的，表6-1为传统利润表。

表6-1　传统利润表

项目	金额（元）
收入	
－成本	
－税金及附加	
毛利润	
－管理费用	

（续表）

项目	金额（元）
-销售费用	
-财务费用	
营业利润	
-投资收益	
-营业外收支	
利润总额	
-企业所得税	
净利润	

在传统利润表中，首先是收入，主营业务收入或营业收入，营业收入减去成本、税金及附加得到毛利润。毛利润减掉管理费用、营销费用和财务费用等于营业利润。营业利润减去投资收益、营业外支出得到利润总额。利润总额减去企业所得税最后得到净利润。

阿米巴经营下改造的报表为经营利润表，如表6-2所示，其和传统利润表有区别。收入不是减去成本和税金，而是把整个费用分为固定费用和变动费用，先减去变动费用，即得到边际贡献。用边际贡献除以收入就得出边际贡献率。然后再减去固定费用，得到经营利润。

表6-2 经过改造的经营利润表

项目	金额（元）
收入	
-变动费用	
边际贡献	
财务费用	

（续表）

项目	金额（元）
营业利润	
－投资收益	
－营业外收支	
利润总额	
－所得税	
净利润	

通过边际贡献可算保本点，这时可使用本量利模型（见图 6-2），边际贡献和固定费用完全相等的点就是保本点。比如我一个月做 100 万元营业额，减掉 20 万元的变动费用，还剩下 80 万元的边际贡献，正好我每月的固定费用就是 80 万元，边际贡献和固定费用是相等的，利润是 0，保本点的收入为 100 万元。

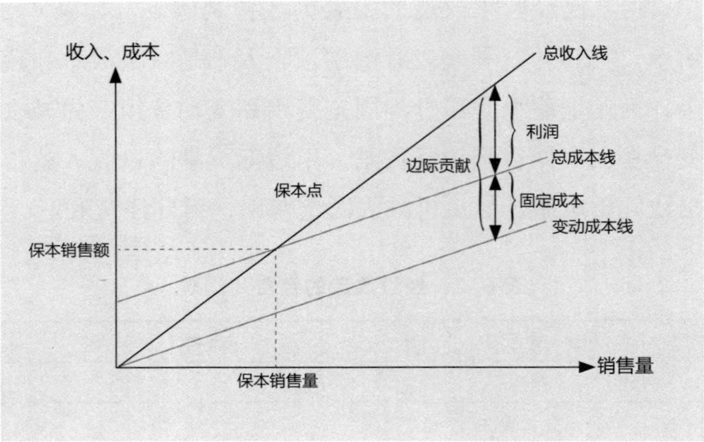

图 6-2　本量利模型示意图

每个部门、每个中心、每个人、每个阿米巴都要有经营会计报表。你一旦用起会计报表，马上就会感觉到很多人对管理成果和经营成果的责任心起来了，企业的利润、成本管控和经营成果也改善了。

总的来说，不管是阿米巴会计还是阿米巴经营，或者稻盛和夫的经营哲学，最后都导向独立核算、培养经营人才和全员参与，核心是“人人成为经营者”。

什么是ERP

ERP（Enterprise Resource Planning）即企业资源计划。很多人特别是对财务不太了解的人经常会问什么是ERP，简单来说，ERP其实就是企业经营管理的“软件”部分。

经营一个企业，可能需要厂房，也可能需要生产设备、机器设备，这些都是看得见的“硬件”。除了“硬件”，企业在经营的过程中还需要软件。最典型的事例就是我们去超市，结账的时候收银员用扫码枪扫一下就能显示对应商品的价格并打印成小票，这其实就是ERP系统的一部分。

ERP的本质是什么？我每次跟老板、财务或同行交流的时候都有一个很深的感触：谈着谈着，最后都会谈到ERP到底是什么软件，哪个软件好，言下之意好像ERP就是软件。但是ERP不是一个单纯的软件，其实质是整个企业管理变革或者管理升级的解决方案。

老板如果真的想学习ERP、想上ERP，那就要明白ERP绝对不仅仅是软件，它更多的是一个覆盖企业业务全流程的数字化管理系统。包括人、流程、管理方法的变革，甚至包括业务人员、管理人员思维的改变，软件只是最后落地的一个工具，只是其中很小的一部分。

对很多企业来讲，ERP可以说是一个数字化的变革、转型或升级。很多时候，我们只要了解一个企业用的什么ERP软件，基本也就知道它的规模和管理水平了。

有一句话说上ERP找死，不上ERP等死。

前半句讲的是没有一套好的管理软件，整个管理是跟不上的。比如当年联想未上ERP前要60多天才能出来报表，也就是说，要12月才能看到9月的经营数据。这极大地影响了公司做战略和管理的调整，或者经销的改进，最后很可能会把企业拖死。

后半句讲的是上ERP对于企业来说，相当于进行一次脱胎换骨的改变，对管理要有巨大的调整和提升。也就是说，如果企业业务流程没有梳理完，管理也跟不上，那它既要用ERP软件来做一套数据，又要按照原有办法做一套数据，两套数据没有打通，反而增加了员工的工作量。新的数据没有出来，旧的数据又乱了，很多订单都接不了，业务数据出错，最终导致企业经营出现问题。

那么，有哪些常见的ERP软件？

ERP软件分为商业软件和开源软件。

商业软件有强大的销售团队不断进行升级维护，简单来说，使用这种软件是要付费的，典型的如苹果的iOS系统。

开源软件也叫开放源代码，软件编程源代码是开放的，所有人都可用其做代码的升级和软件的迭代。开源软件不受制于任何一家公司，也特别适合那些有自己软件开发需求的公司。安卓操作系统是开源操作系统，隶属谷歌公司。

开源软件最大的一个特点就是免费，但对二次开发的能力要求稍微高一点，如果你能够找到人帮企业做二次开发，那么装开源软件是一个不错的选择。

目前，国内外都有代表性的商业软件，国内如金蝶、用友、速达、管家婆等。初创的、企业经营规模较小的企业，较多选用速达或者管家婆，但企业的营业额达到3000万元、5000万元甚至1亿元，可能就要换金蝶或用友了。“南金蝶北用友”，可以说金蝶和用友是中国ERP管理软件的两大泰斗。

国外常见的ERP软件是德国的SAP和美国的Oracle（甲骨文）。在中国卖得最好的是SAP。SAP的销售人员推销时经常会说“世界500强中，有75%的企业用的都是SAP的软件”。联想、中国移动、华为等用的都是SAP。也有个别企业SAP和甲骨文都用，可能总部用SAP，子公司用甲骨文。

甲骨文最有名的就是它的数据库，因为数据库在全世界卖得很火，所以它的ERP卖得还不错，但是总的客户数量并不多。甲骨文有一个Fusion版本，它的全球用户加起来也就8500多家。另外，甲骨文还有Netsuite，适合小企业，也是在云端和互联网上使用，大概有28500多家客户。

如何选择适合的ERP

如何选择ERP？要考虑企业的用户习惯、行业属性、团队状态、创新精神和当下的第一需求。

可以把软件简单地分成五个级别。

第一级为财务记账软件，也叫财务软件、会计记账软件或者总账模块，也就是我们最早说的会计电算化。什么叫会计电算化？即以电脑来代替手工做账。金蝶、用友都是做财务软件起家的。

第二级要复杂一点，开始把采购、销售和仓库管理分开，一般简称为“进”——采购；“销”——销售；“存”——存货管理。这时候财务记账软件发展为进销存软件了。进销存软件可以单独使用，也可以和财务软件等一起使用，如果实现软件互通，相关的采购、销售和存货成本等核算数据就可以直接导入财务软件，不需要重新记账。

第三级相对来说才为真正的ERP，不仅有进销存，还有生产计划。生产计划加上采购、销售、库存以及账务模块，就是一个相对完整的ERP。但真正的ERP绝不只是生产模块，还涉及人力资源、项目管理等。

第四级就是在第三级的基础上加上项目管理。金财公司每年都要做很多咨询案，每一个咨询案都是一个项目，每个项目都要独立核算收入、成本、利润等。这个阶段就是把项目管理与记账联合到一起。

第五级延伸到其他的管理领域，形成更庞大的、更完整的ERP系统。

往前延伸。延伸到客户管理及数字化营销，比如员工离职后，客户信息全在CRM系统里，员工是带不走的。公司可以安排一个新的员工接管离职员工的账号。

什么是数字化营销？比如蒙牛或伊利打了很多广告，那么总部怎么知道广告效果的呢？答案是通过数字化信息观察。往前延伸不仅是对广告营销的管控、营销费用的管控，还是对获客成果的管控，即延伸到了客户。

往后延伸。延伸到供应商管理，供应商就能随时掌控企业的库存情况，在缺货时主动为企业发货；延伸到生产阶段，就是延伸到生产设备的管理，如机械设备的维护和保养；延伸到员工端，就能打通各种通信软件，比如企业发催款函，就不需要先从EPR系统单独截图再发到企业微信里，可以直接在ERP系统关联的企业微信一键发送过去了。

除此之外，我们还可以往业务端延伸。比如延伸到共享中心、商旅管理、费用管控、发票管理、税务管理等。还可以延伸到报表分析、商业智能、数据看板、流程管理等。

ERP可以操作的方向和功能还有很多，但是就目前的技术来说，我建议大家还是用专门软件，不要期望用一套软件解决所有问题。

特别需要强调的是，ERP的价格也是一个重要的考虑因素。

湖南有一个做铝合金的企业，营业额在70亿~80亿元，也算不小的企业。该企业花了400万元购买SAP软件，另外投入800万元作为实施费用，共计花费1200万元。

企业有53个财务人员，老的员工离职了，新的员工还没有培训好，好多单据没办法往系统上记录。数据都是错的，整个软件就瘫痪了，1200万元打了水漂。

对有些中小民营企业来说，买SAP相当于开着火车上下班，没有必要。很多企业总想追求高大上，但其实意义不大，选择一个合适的软件就可以了。

企业到底要不要上ERP？到底要花多少钱购买ERP？我的建议是，企业如果想要上ERP，先别急着问多少钱，这是一个大投资，一般我们会提出以下问题：企业现状是什么？我要达到什么样的管理目的？我要解决什么问题？需要改变什么东西？应该用什么解决方案？什么软件合适？

选择不同的软件，投入的成本也不一样。国内软件中，用友NC相对来说比较高端，便宜的也得一百多万元。用友U8、U9稍微便宜一点，有二三十万元的，也有五六十万元的。最便宜的是T+，可能几千元或几万元就可以了。金蝶的EAS与用友NC是对应的，都是针对大中型企业。K3、KIS是老的版本，云星空是针对中小企业的，精斗云针对的是小微企业。国外软件如SAP动辄就是几百万元，甚至上千万元、上亿元。

总的来说，这些软件都不便宜。既然要花钱，就要让这钱花得值。企业一定要真的搞懂ERP，明白自己需要达到什么目的、解决什么问题，以便选择最适合企业的ERP软件。

落实ERP软件的三点建议

目前国内既懂管理，又懂软件和财务的人实在太少了。ERP实施过程中，软件公司派过来的工程师几乎99%是计算机高手，也都是软件开发出身，但对企业的财务和管理未必有企业的财务总监精通。企业想要更好地落地ERP，可以参考以下三点建议。

1.提前做好专业咨询

在上ERP之前，我们切记一定不要盲目投资，否则很有可能不但享受不到数字化带来的便利，反而挫伤了员工的积极性、主动性，损害了企业的竞争力。

目前国内企业在上ERP的时候存在一个很大的误区：如果ERP是药，很多企业是不看病、不找医生，直接吃药，最后就很有可能吃错药。“吃药”之前应该先看“医生”，而“医生”是谁呢？“医生”就是流程和管理的咨询工作。成功的ERP上线流程为“咨询+软件+实施”（见图6-3）。

很多传统企业基本都是零咨询，直接找到软件公司询问软件怎么用，70%的经费用在软件上，30%的经费用在实施上。

但是，我建议企业应该将70%的费用用来做咨询，10%的费用用于采购软件，20%的费用用于实施。看病要先找到最好的医生，拿到最好的处方，然后对症下药，才能药到病除。

实施的过程固然重要，但前面咨询属于打地基和设计房型的工作，地基没有打好或房型没有设计好，最后房子还要拆掉重盖，这样成本就很高了。企业想要顺利上线ERP，必须重视咨询工作。

	咨询	+ 软件	+ 实施
现状	0%	70%	30%
建议	70%	10%	20%

图6-3　ERP实施现状与建议对比

2.建立完善的内控体系

软件是流程和制度的载体，我们建议企业先把内控体系梳理清楚、把流程理顺，然后再来选择合适的软件，而不是先买软件，再根据软件整改流程，这就有点本末倒置了。

同时我们还要知道，软件毕竟只是工具。对于企业来说，人才是主角，我们不能让人变成了奴隶，软件变成了主人，让软件来驾驭人，搞得人疲于奔命。最好有管理咨询师做相关培训，由掌握新的管理思想、方法和经验的专业人员根据企业管理诉求选择合适的软件。

企业的能力最终生长在流程和组织上，就是华为经常讲的：把能力建在流程上，把经验积累在组织上。

企业仅仅购买一个软件其实是吸收不了新的智慧的，非常容易出现穿新鞋走老路的状况。

有一个客户请我们做ERP的信息化咨询，但他的数据出问题了，我们做调研的时候他的员工说："我也不知道为什么这样，数据都是系统里跑出来的呀，跟我有什么关系，我也搞不定的。"流程跑不通，业务做不了，员工就说系统和相关的流程就是这样的，他也没办法，最后员工就变成了软件的奴隶。

一定要记住，人才是主体，选择软件应该是以企业的战略和管理作为优先考虑的因素！

3. 根据企业发展状况选择判断

企业是会不断发展的，企业的规模也会不断扩大，一直用一套软件不太现实。

我看到很多企业营业额都做到2亿元、3亿元了，还是在用速达、管家婆。我们去做财务咨询时做的第一件事就是重新帮他选择适合的、能够支撑企业发展的软件，不然现有的软件可能就成了制约企业发展的障碍。

沧州有一家做钢管的企业，营业额已经20亿元了，但是只用一套软件来做账，企业里50多个员工负责开各种纸质的单据。每天发货之前，还要找人去仓库盘点，才知道什么产品可以卖、什么产品没货了。这就是软件没有支撑到企业的管理，还导致管理出现很多问题。

老板如果要想把财务基本功打扎实，ERP是绕不开的话题。我经常跟财务人员说，与其花大量时间去考注册会计师、注册资产评估师，不如花时间研究企业的信息化、ERP软件，以帮助企业管理升级，让企业做得更大、更强！让企业更赚钱、更值钱、更长寿！

第七章

行业剖析：翻开财务行业的底牌

财务人员应有哪些证书

财务人员应该考哪些证书？这其实是财务常识，但非财务人员可能不太了解，以下梳理一下相关证书（见图 7-1）。

财务人员一般在学校的时候就开始考各种证书，一直到他 40 岁，甚至 50 岁，还在考，真的是学会计的一生就是考证的一生。

不考，想要升职加薪难；但是考吧，你又发现这些证，真的把人都考成“孔乙己”了。上次，我碰到一个已经 52 岁的财务总监，他说张老师，我考注册会计师考了 16 年。我当时就想，16 年考注册会计师，真的有意义吗？

职称类。第一级为初级会计师，大学一毕业，财务人员就可以考初级会计师了；第二级为中级会计师，达到一定年限，或者是毕业一定时间可以考中级会计师；第三级为高级会计师，中级会计师到一定年限就可以考高级会计师，不仅需要考试，还需要面试和答辩。

资格类。一是注册会计师（CPA）。你要想在会计师事务所做审计，就必须有注册会计师证。注册会计师又

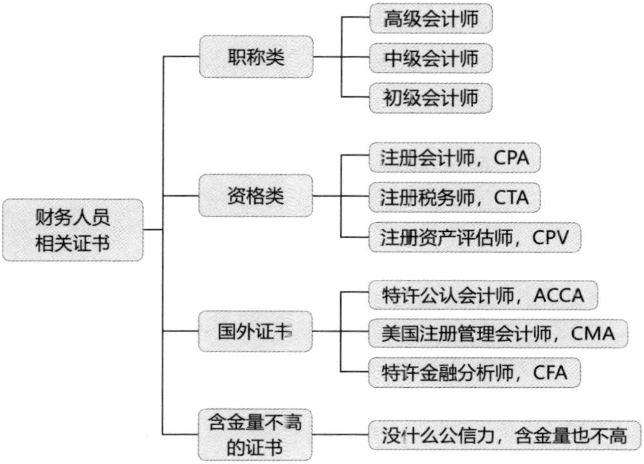

图 7-1 财务人员相关证书

分两种：一种为职业的注册会计师，一种为非职业的注册会计师。前者在事务所工作，每年都要进行审计工作，并在审计报告上签字；后者不需要在事务所上班，也不需要去做查账的工作。

二是税务师（CTA），以前叫注册税务师，后来把注册两字去掉了。注册会计师证由财政部颁发，财政部下面有个注册会计师协会；税务师证由中国注册税务师协会颁发。

三是注册资产评估师（CPV）。注册资产评估师和注册会计师都由注册会计师协会管理。

很多人说的考三证，即注册会计师、注册税务师、注册资产评估师。从含金量来说，注册会计师是最高的，要是有这个证书，其他的考不考都无所谓了。

国外证书。一是特许公认会计师（ACCA），是英国的注册会计师。二是美国注册管理会计师（CMA）。外企会比较认可这两个证书。你如果加入四大会计师事务所审国外的企业，或者审中国在国外的单位，就需要有ACCA和CMA。三是特许金融分析师（CFA）。从事金融行业的人一般要考CFA。

此外，还有一些小证书，如证券从业资格、基金从业资格，但现在要求只有行业从业人士才能考。

现实中，好多人考了初级或中级会计师证，但是考不上注册会计师，考高级会计师证还不够年限，为了求个心理安慰，就考了一堆没有什么公信力和含金量的证书。

我的建议是，初级和中级会计师证是必需的，如果你不想考太多证书，考CPA足够了。可以趁年轻的时候考注册会计师。如果考不上注册会计师，考个税务师也可以。你的英文如果特别好，未来想去外企或四大会计师事务所工作，可以把ACCA考了。

一般来说，证书考得越多，对国家的会计准则、税法掌握得也越好；如果你不打算考，也建议你每年都看一看注册会计师相关教材，特别是会计和税法，看看每年有哪些变化。

特别需要强调的是，相对于考证书，更重要的是要多去研究企业的业务，研究ERP软件、信息化系统，研究如何使企业流程更顺畅、内控更完善、预算体系更落地。在这些方面多下功夫所带来的价值，一定比花时间考证书带来的价值更高。

财税领域的十大机构

经常有人包括财务人员问我财税领域有哪些单位或机构，或者说财务行业都涉及哪些单位，下面作一下梳理。

1. 财务部门

即组织内财务部门，包括政府、事业单位等。这类财务人员大概有多少？据相关统计，有会计证的大概为1800万人。此外还包括那些没有会计证但也从事财务工作的老板娘、老板的亲戚等。这些人员是我们整个行业的主体，是核心骨干。

2. 代理记账公司

围绕企业财务又有很多机构，代表性的为代理记账公司。如果一家企业规模较大，那么聘请自己的财务人员是很划算的；如果企业规模较小，聘请财务人员的成本太高，还不如交给代理公司。

一般情况下，代理记账公司都是能独立承担法律责任的法人单位，如双方发生纠纷，在协商无果的情况下，可通过法律途径解决，减少企业的经济损失。全国有很多代理记账公司，仅广州市区大概就有4300多家已经登记的代理记账公司。

有的人原来在企业做财务经理，后来开了代理记账公司。总的来说，代理记账的人普遍专业水平一般。有个代理记账公司的员工跟我说他一个人要记70套账。

代理记账行业现在也面临着重大转型。

以前，代理记账行业最赚钱的有两个业务：一是垫资，如企业要注册一个500万元的公司，以前是必须实缴的，没有认缴一说，于是代理记账公司帮忙垫资，从中收取利息；二是出税审报告，但是现在只需会计师事务所出具报告。两个最赚钱的业务没了，所以代理记账行业现在面临着转型。

3.会计师事务所

会计师事务所主要工作是审计、查账，就是查企业的账有没有做错、有没有造假。

4.咨询公司

有很多传统的管理咨询公司，如和君、北大纵横、华夏基石等，但是专注做财税咨询的公司并不多，目前规模较大的是金财。

咨询公司跟会计师事务所的区别是什么？咨询公司像是医院，是治病的；会计师事务所像是体检中心，是挑毛病的。所以咨询公司对员工的要求比较高，需要员工有比较强的沟通能力，但会计师事务所的员工只要懂技术就可以。

5.培训公司

财务行业要学的东西太多了，所以除了咨询公司，还有很多培训公司。

培训又分不同的级别，有岗前培训、初级会计师培训、财务经理级别培训、CFO级别培训。当然，最高一级是给老板讲解财税知识。金财做的就是这个领域的工作，因此成为领域内的独角兽、领头羊。

6.税务师事务所

其实，有会计师事务所，税务师事务所存在的意义不是特别大，因为税务师事务所做的事情，会计师事务所基本上都能做。税务师事务所更多的是专注于税务。现在全国大概有1.2万家税务师事务所，基本上规模都不是很大。

7.资产评估公司

企业要卖厂房、卖专利，就需要请资产评估公司估值。

现在，很多资产评估公司既是会计师事务所，也是评估公司，还是税务师事务所，甚至还是工程造价事务所，一套人马多块牌子。

8.软件公司

财税行业也有一些软件公司，比较典型的如国内北京的用友、深圳的金蝶，国外的SAP和甲骨文，甲骨文除了做数据库，也做财务ERP软件。

9.证券公司

证券公司是一种专门从事证券买卖的法人企业。其业务活动非常广泛，主要有以下四种：第一，公司为自己买卖证券；第二，接受客户委托，代理客户买卖证券，以及为客户办理证券发行、承购或摊销等收取手续费的业务；第三，为客户融通资金的业务，分为抵押贷款和信用交易两种形式；第四，向客户提供各种证券交易情况、市场信息及其他有关资料。

10.基金公司

基金公司主要做投后管理，给企业投钱，帮助企业做得更大。在国内说得直白一点就是一帮人把钱投给有需要的企业。基金公司赚什么钱？比如基金公司募集了100亿元，投资赚了20亿元，基金公司会按照一定比例如20%提取4亿元分给基金公司的管理人员，剩下的16亿元分给那些出钱的人。

财税行业是一个比较大的产业，涉及财务人员、代理记账、会计师事务所等。整个行业最缺人的就是咨询公司，因为咨询公司对人才要求较高，同时财务高手收入很高，不大可能出来做咨询。有水平、愿意出来做咨询又愿意受苦的人相对来说是比较少的，所以咨询公司永远处于缺人的状态。

对于财务人员，你如果水平不高，可以去做代理记账，代理记账没有太大的技术含量；你如果喜欢做固定的、一成不变的工作，可以去会计师事务所做审计；你如果喜欢挑战，喜欢学习新东西，同时又想挣钱，咨询公司是一个选择；你如果喜欢讲课，培训行业肯定是最好的选择；你如果对税务特别感兴趣，可以考虑税务师事务所；资产评估技术性较强，相对比较枯燥；基金公司赚钱比较多，但是现在也两极分化，好的公司特别好，但是大多数公司都接不到业务，挣钱的是少数。

这就是我们整个财务行业现状。说了这么多，你是否了解这些单位的作用和区别？你如果是财务，会愿意进入哪个领域？

会计师事务所的分类及作用

很多没有财务基础的人不太了解会计师事务所的具体工作，这一节我就给大家好好讲讲。

假如我的公司有5个股东，但是平时股东们都不在公司，所以我聘请了一个职业经理人来负责管理公司。年底，经理人说公司一年的利润是3000万元。如果这时我和股东想知道数据是真是假、经理人有没有贪污造假，该怎么做呢？答案是找第三方帮我们查账，会计师事务所就在这种情况下产生了。

会计师事务所代表着公立的第三方，既不站在经理人一方，也不站在股东一方。为了确保这种公立性，国家专门出台了一部法律——《注册会计师法》。注册会计师的签字有法律作用，如果造假，就要承担连带责任，面临罚款或牢狱之灾。

注册会计师重要的工作就是审计，审计就是审查、查账。审计分为三种：第一种叫政府审计，第二种叫内部审计，第三种叫民间审计。这三种审计有什么区别？

政府审计是财政部门对国有企业或工程项目进行审计，包括对一些公共设施或者各个单位的开销进行审计。比如，政府给公安局或交通局拨了款，要对这笔款的开销进行审计。审计局就是对财政出钱的项目的财务进行审计。

内部审计就是企业内部的审计。比如集团公司有上百个财务人员，或者好几十家公司，那么总部就要对子公司或财务部门就要对各个事业部进行审计。

内部审计主要审三个方面：一是报表，数据是不是对的；二是流程，流程有没有错，有没有按流程来办事；三是业绩，业绩目标有没有达成，预算有没有完成。如果企业的营业额已经做到8000万元，企业最好有内部审计部门，哪怕该部门只有一个人，对于整个财务工作也是一个比较大的促进。

会计师事务所就是民间审计。但是会计师事务所也有无奈的时候，企业给会计师事务所交审计费，让他们来查自己，查的结果让企业不爽的话，可能就不付审计费。所以，会计师事务所畏手畏脚的情况还是存在的。

中国会计师事务所分为两大类：一是国际所，就是国外的会计师事务所；二是国内所。国外所的收费一般高于国内所的收费，甚至相差10倍。

国外所一般就是四大会计师事务所，即德勤、普华永道、安永和毕马威。国内所就比较多了，规模比较大的有天健、立信、信永中和、致同等。国内80%的会计师事务所的总部设在北京，少数设在杭州、上海或深圳。

企业如果不上市，或者企业的规模没有做到几十亿元，接触这些大的事务所的必要性不是特别大。假如你要去海外上市，而且你一年能够付上千万元的审计费，那你找四大会计师事务所是可以的。因为他们只做大的企业。

按照相关规定，会计师事务所不允许打广告，打广告就违法了。因此，会计师事务所的人都特别理性，也特别爱学习，能够在事务所工作5年、10年以上的人，一般脾气也都比较好。一个人脾气不好、情绪起伏大，很难在事务所工作。会计师事务所接触的企业多，刚毕业的学生在这里可以学到不少东西。

但是，因为会计师事务所是收多少审计费派多少人干活，派的人成本越低，事务所赚的钱也就越多，所以事务所一般真正干活的都是助理，其中大多数助理连注册会计师证都没有。合伙人更多的时间是在承揽业务。所以在这个行业工作还是很苦很累的，吃不了苦的人很难在会计师事务所工作很长时间。

对于企业招聘财务人员，如果一个人从大学毕业就在会计师事务所工作，而且一做就是10年，一说明他脾气肯定很好，二说明他的基本功还是比较扎实的，但是这样的人未必能够做流程、内控、财务分析，也未必懂预算管理和ERP，企业到会计师事务所挖一个注册会计师来做财务总监未必就是最好的选择。

当然，如果一个人在企业做了很多年财务总监，又去事务所工作两三年，再回企业就是一个很好的选择。

会计师事务所的六大业务

1. 年报审计

谁需要年报审计？上市公司。企业要上市，不仅需要年报，甚至还需要半年报。会计师事务所每年都要对其审计并出具报告。一个上市公司如果一年花费 300 万元进行审计，一般情况下 5 年内都不能换审计公司，5 年之后再换审计公司也要董事会批准。

2. 离职审计

会计师事务所除了要做年报审计外，还需要做离职审计。有些国有企业或大型公司的高管离职后，需要对高管在职期间的财务工作进行系统的审计，审计内容主要是其在职期间有没有职务侵占、贪污、舞弊、腐败或者坑害公司利益等行为。

3. 上市审计

如果企业要上市，必须由会计师事务所出具审计报告，证明企业的报表数据没有造假，是完全真实的。

4. 尽职调查

什么是尽职调查？比如要收购一家公司，就要调查这家公司到底有没有问题、资产有没有被抵押、有没有收购的必要以及合理的收购价是多少。做尽职调查，就是去查对方的情况。尽职调查报告并不是完整的法定鉴证业务，所以咨询公司也可以做尽职调查。

5. 税务审计

就是调查企业的各项税金交得对不对，有没有偷税、漏税等情况。

6. 工程审计

会计师事务所承揽的业务可能涉及工程造价、资产评估等。工程造价就是评估一项工程需要多少资金，企业根据这个造价来投标。工程结束验收时，再查一下企业的实际花费和最初造价是否相符。

审计报告是有法律作用的，一般分为以下五种审计报告。

第一种为标准无保留意见。标准无保留意见就是说企业财务没有造假，数据是对的，报表都没有错，其实就是肯定意见。

第二种是带强调事项的无保留意见。带强调事项无保留意见就是说企业报表没错，但需要注意一些问题。比如，企业一些应付账款金额不大，但有可能会坏账；有些存货虽然金额不大，但审计人员没办法盘清楚。企业要想上市的话，必须获得标准无保留意见的报表，个别可以带强调事项，但尽量避免。对于国有企业，或者一般的企业审计，只要是无保留意见，不管是标准的还是带强调事项的其实都是被认可的。

第三种是保留意见。就是审计人员对某些方面持保留态度。比如，企业的存货，审计人员想要盘点但实在是没法盘点，企业也不配合；再如企业的应收账款，审计人员想要通过函证来查是不是别人欠企业的钱，也查不清楚……最后表示保留意见。

第四种是无法表示意见。这并不是说企业有问题，只是审计人员查不了，企业也不配合。

第五种是否定意见。就是审计人员认定企业的报表是假的，但否定意见非常少。

我建议，不管你的公司上不上市或者有没有其他股东，如果企业营业额在3000万元以上，最好每年做一次审计。拿到审计报告，其实既是对自己的企业做了一个体检，也是给自己一颗定心丸。

第八章

税务常识：合法纳税，安心赚钱

税收体系的四大类十八种

企业在初创时，一心只为生存，难免存在野蛮式生长，对财务规范、合法纳税问题考虑较少。某些老板最初完全不重视财务，一旦听说身边有企业出事，或者上了财务课程，心里就有些煎熬，晚上睡不着了。近年来，明星艺人和商界大腕都有在税务问题上栽大跟头，这也给大家敲了警钟。无论是经营个人，还是经营企业，税都是绝对绕不过去的。

税分很多种，我们几乎每天都在缴税，下面和大家聊一个重要话题：咱们平时都需要缴哪些税？

总的来说，我国税收体系包括四大类十八个税种，按照征税对象可分为所得税、流转税、财产与资源税、行为税四大类（见图 8-1）。

1.所得税

无论是企业还是个人，赚了钱，都要把其中一部分上缴国家，缴的这部分就叫所得税。大家都很熟这种税，具体缴多少，要看你挣了多少。简单来说，就是多挣多缴，少挣少缴，不挣不缴。所得税分为两种：企业

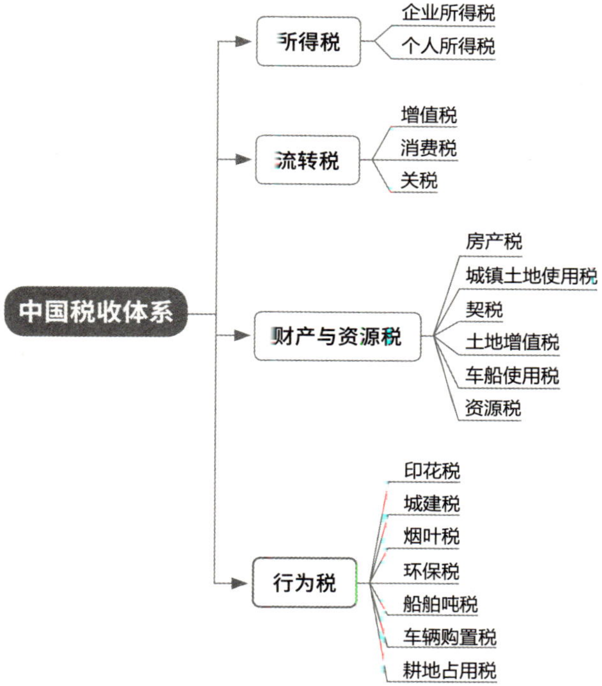

图 8-1 中国税收体系

所得税和个人所得税。

（1）企业所得税。

企业所得税是对我国内资企业和经营单位的生产经营所得和其他所得征收的一种税，计算方式是用利润总额乘以一定的税率。在我国，一般企业的所得税率是 25%，非居民企业的所得税率是 20%，国家需要重点扶持的高新技术企业适用税率为 15%。

当然，这个利润是税法意义上的利润，即需要对会计利润进行增减调整。比如，某企业 2022 年的会计利润是3000万元，其中不符合税法要求的费用支出是200万元，需要做纳税调增，那么该企业2022年应当缴纳的企业所得税=（3000+200）×25%=800万元。

（2）个人所得税。

在中国缴税的个人大概可分为两类：一类是常住中国的居民纳税人，来自全球范围的所得都要纳税；另一类是非居民纳税人，就只对来自中国的所得纳税。

当然，如果你月工资低到一定程度，可以不用缴所得税，但是你别以为你和税没关系了，你有花钱的时候吧？花钱买东西的过程中，你已经不知不觉缴税了。这就是我们接下来要讲的流转税。

2.流转税

我们在花钱购物时，就已经缴了流转税。怎么缴的呢？我来举举例子。

老王在早市卖瓜，本来售价五元。每斤瓜要缴一元的税，老王琢磨了半天，涨了价，想把税赚回来。

一般来说，涨价会影响销量，但如果商家们一起涨价，我们这些消费者也只能接受。所以，我们在买瓜的时候，就已经帮老王把税垫上了，老王再转手上缴就可以了。

有的朋友出国旅游会发现买瓶可乐都要缴税。其实，咱们国家也一样，只不过没写在小票上。这种在商品流通过程中缴纳的税就叫流转税。

主要有以下三种流转税：

（1）增值税。

一件商品的诞生，要经过很多环节。那么多人费那么大劲儿生产出来，每一环节都实现增值。一进一出，大家挣到钱了，所以每个环节都要缴增值税。

我们在商场看到一件衣服标价为2300元，其实是包含增值税的，实际上衣服本身价格为2035.4元，264.6元是增值税。

（2）消费税。

所有的商品都得缴增值税，一些特殊商品还要再缴消费税，比如奢侈品、高耗能商品、不可再生和替代商品等。如在零售环节销售的金、银、铂、钻等，除了需要缴纳增值税，还需要缴纳消费税。

（3）关税。

从国外进口商品要缴关税。

关税除了有筹集国家财政收入的作用，还能保护本国产业发展。比如对进口车征收关税，进口车车价就高，国产车相对竞争力就提高了。

3.财产与资源税

我们发现，挣钱得缴税，花钱也得缴税，那只挣不花，会怎么样？会攒下钱。不过攒了钱，有了财富，你也逃不开缴税。

人类财富大概分为两种：一种是先天资源，例如土地；一种是人造财产，比如房产。

人们无论占有哪种财富，都有可能要缴税，即财产与资源税，包括房产税、城镇土地使用税、契税、土地增值税、车船使用税、资源税。

4.行为税

与特定行为相关的税为行为税。

签订合同，需要缴纳印花税；缴纳增值税和消费税的企业，还需要缴纳城建税；收购烟叶的企业，需要缴纳烟叶税；直接向环境排放污染物的企业，需要缴纳环保税；进入境内港口的船舶，需要缴纳船舶吨税；境内购置车辆需要缴纳车辆购置税；占用耕地需要缴纳耕地占用税。

个人所得税的九种分类

1. 个人所得税分类

个人所得税包括工资薪金、劳务报酬、稿酬、特许权使用费、财产租赁所得、财产转让所得、利息股息红利所得等九项。人们平时说的“个税”，其实主要指的是工资薪金所得税。

我们先说说大家最关心的工资薪金所得，它主要针对个人签订劳动合同后取得收入来计算。其中，除了按照国家规定缴纳的五险一金不用缴税，每月另外有5000元的免征额，还有子女教育、继续教育、职业资格教育、房贷、房租、赡养老人、个人养老金缴费等项目可以从税前扣除，经过计算得出一个类似于“个人税务利润”的数据，乘以对应的税率并减去速算扣除数之后，就得出了工资薪金需要缴纳的个税。

其次是劳务报酬，主要针对签订劳务合同的个人收入来计算。具体分为两类，一类是收入4000元以下，那么扣除额为800元，对应税率为20%；另一类是收入4000元以上，扣除比例为收入的20%，对应税率为

20%~40%不等。

稿酬和特许权使用费的计算方式与劳务报酬类似，但是税率没有30%和40%这两档，而且国家考虑到爬格子头发都要掉光了，太辛苦，所以对稿酬的收入可以减记30%。

以上四类收入，税法统一把它们放进名字叫“综合所得”的小屋里。在这个小屋里的项目，平时预缴完税款之后，还需要对全年收入再来一次汇算清缴，时间就在第二年的3月1日至6月30日，这个大家千万别忘了。2022年就有一些朋友经过税务机关提示还不汇算，最后被罚了款，个人征信也受到了影响。

然后是经营所得，主要针对个体户、个人独资企业、合伙企业这三类人群。他们都不缴纳企业所得税，而是缴纳个人所得税，计算方式类似于企业所得税，也是根据税法要求计算利润，再乘以5%~35%的适用税率，减去速算扣除数得出。

值得一提的是，并非个人就不能按照生产经营所得纳税，如果个人从事办学、医疗、咨询，或者对企业、单位等承包、承租，也可以按照生产经营的所得来纳税。那么这和劳务报酬有什么区别呢？区别在于生产经营是需要付出一定成本费用的，这也是近年来大批明星、网红被认定为偷税的关键。

利息股息红利所得，按照取得收入乘以20%计算。

财产租赁所得，是指我们出租房、地、机器设备、车船等取得的收入，减去20%的扣除额，乘以20%的税率计算得出。

财产转让所得，就是我们把上面的这些资产卖出去以后的所得，即等于收入减去对应的成本费用，再乘以20%的税率计算得出。

偶然所得，即个人得奖、中奖、中彩的所得，直接乘以20%的税率计算得出。之前还有一种所得叫作“其他所得”，2018年个税改革的时候把该项目下的一部分放进偶然所得缴税，另一部分就取消了。所以大家需要注意，不是所有收钱的项目都能放进“偶然所得”，是要根据税法相关规定来的。

2.征税原则

除了个税的分类之外，值得一提的是个税的纳税义务发生时间，与企业所得税基本遵循权责发生制不同，个人所得税主要遵循收付实现制。

怎么理解呢？我们以工资薪金为例。员工12月参加工作，那么在下一年1月财务计提并发放工资，但是个税什么时间申报？在下一年的2月。发工资的1月才是税款所属期，而不是实际劳动发生的12月。

说这个有什么用呢？明确了税款所属期，就需要在下一个月赶紧把税缴上，否则会产生滞纳金。

还有一个问题，就是我国个税的征税原则是“属地兼属人”，属地指在我国领域范围内的主体，需要纳税；属人指只要是我国的自然人或其他法人和组织，就应当纳税。这一原则对国家征管能力和信息收集水平提出了很高的要求，因此国家积极参与CRS，即金融账户涉税信息自动交换标准。

CRS是2014年由OECD提出的，旨在促进跨国间税收居民金融账户的信息透明化，让逃税者、洗钱者和腐败分子的海外资产无处可藏。中国已于2018年底，完成了对存量个人低净值账户和全部存量机构账户的尽职调查。

增值税的征收对象及类别

增值税，顾名思义，就是对商品或服务过程中增值的部分收的税。从设计之初，增值税要遵循的原则就是“税收中性”，也就是该税种不能对市场经济的运行产生额外的干扰。

1994 年之前，我国在销售环节征收产品税，实际上产品从原材料到出售需要经过若干环节，流经的企业主体越多，最终的税负越重，因此企业就把更多的生产环节放在一个主体。长此以往，企业大都发展为大而全的企业，不利于专业化分工，不利于在国际市场竞争。1994 年，我国将原来征收的产品税、增值税、营业税和工商统一税四个税种改革为增值税、营业税和消费税这三个税种。

如何计算增值税？一种计算方式是直接计税，即直接对商品价差征税，应交增值税=（商品销售价格-商品购进价格）×税率；另一种计算方式是间接计税，即抵扣法，应交增值税=商品销售价格×税率（销项税）-商品购进价格×税率（进项税），这是前一种计算方式的简单变形。

但从税收征管成本和效率来讲，第一种计算方式，需要国家税务总局十分清楚企业的收支项目，相当于在毛利层面计算企业所得税，对国家税务总局的征管水平要求比较高。第二种计算方式，上家的销项税等于下家的进项税，环环相扣，能够起到自动稽核比对的效果，大大降低了国家税务总局的工作难度。现在的增值税主要按照抵扣制来计算。

1.纳税人的分类

增值税的纳税人分为一般纳税人和小规模纳税人。划分依据是企业主体的会计核算是否健全，年收入是否超过 500 万元。

如果企业年收入超过 500 万元，不管其愿不愿意，都必须成为一般纳税人，如果企业年收入没有超过 500 万元，但是会计核算体系非常健全，企业可以去税务机关申请“一般纳税人”资格。

一般纳税人的应交增值税=商品销售价格×税率（销项税）-商品购进价格×税率（进项税），主要适用于财务比较健全、规模比较大的企业，要求他们能够准确地计量进项和销项，同时其上下游企业也相对比较规范，能够拿到充足的进项发票。批发行业毛利偏低，其作为一般纳税人的增值税负可以到 0.9%，而小规模纳税人的税负为 3%。

小规模纳税人的应交增值税=商品售价×征收率，主要适用于财务体系不健全、收入较低的中小企业。国家税务总局认为这种企业成本费用核算不清，也无法按照抵扣法准确计算税款，就以收入乘以征收率（等于国家税务总局预估的毛利率×税率）计算税款。

《财政部、税务总局关于明确增值税小规模纳税人减免增值税等政策的公告》（2023年第1号）第二条规定，自2023年1月1日至2023年12月31日，增值税小规模纳税人适用3%征收率的应税销售收入，减按1%征收率征收增值税。因此，单从征收率与税率的比较来看，小规模纳税人有很强的优势，适合一般的初创企业。

2. 税目和税率

不是所有的经济事项都需要缴纳增值税，具体到增值税分为不征税事项、免税事项和征税事项。

不征税事项就是不属于增值税管理的范围，针对此类事项，增值税销项可以不予计算，进项税却可以正常抵扣。哪些经济行为属于这一类呢？例如企业重组过程中货物、房屋、土地所有权的转移，取得的与销售货物、服务收入或数量没有直接关系的补贴收入等。

免税事项属于增值税调整的范围，但是国家从鼓励发展的角度，对其销项免税，但是进项不允许抵扣。例如幼儿园提供的教育服务，但是因此而购进的办公用品等均不得抵扣。

征税事项包括销售货物、加工、修理修配劳务以及进口货物和建筑、运输、房地产、金融、邮政电信、现代服务等事项。

对于一般纳税人，销售和进口货物的税率是13%和9%（国家鼓励方向，主要为涉农产品）；加工、修理修配劳务适用13%税率（这里主要只对能搬得动物件的修理）；建筑、运输、房地产、邮政、基础电信适用9%税率；金融业、现代服务、增值电信、销售无形资产适用6%税率。

对于小规模纳税人，房屋的出租和出售、劳务派遣征收率为5%；其他事项征收率均为3%（2023年可享受减免，为1%）。

还有零税率，就是不仅销项不用计税，还允许抵扣进项，如果企业处于产业链的终端，会返还之前环节的所有进项税，主要涉及出口的生产、外贸以及服务企业。

另外，还有即征即退的优惠税率。有些企业就通过设立软件公司享受3%的增值税即征即退政策。但是软件业务和软件开发服务业务很相似，前者税负率是3%，后者税负率是6%。它们之间有什么差别呢？

举个例子，A公司是物业服务公司，为了实现信息化，委托信息技术公司B来开发物业管理系统。B公司需要根据A公司的独特个性化需求，开发符合A公司特殊要求的物业管理系统，以满足A公司业务管理和未来业务发展的需求。该物业管理系统与通用物业管理系统有明显的差别，A公司将支付系统开发费用5万元（含增值税）。

B公司是按销售软件还是按销售信息技术服务缴纳增值税？主要看物业管理系统软件著作权的归属。如果物业管理系统软件著作权属于B公司，那么B公司就按照销售软件缴纳增值税；如果物业管理系统软件著作权属于A公司或由A公司和B公司共同拥有，那么B公司就按照销售信息技术服务缴纳增值税。

3. 发票

发票是税务局开展增值税管理最重要的抓手，金税三期、四期的核心就是不断完善电子发票底账库的数据颗粒度，以便在全国范围内开展各项涉税风险稽核比对。

发票可分为专票和普票。通俗理解，专票适用于一般纳税人，普票适用于小规模纳税人。一般纳税人要想降低增值税负，就必须尽可能抵扣进项发票，专票是最主要的可抵扣发票。小规模纳税人可以开具对应征收率（1%、3%、5%）的专票，但是其专票不能抵扣。

是不是所有的普票都不能拿来抵扣税款呢？有一些特殊的普票可以帮助企业降低税负。例如农民卖自产土豆给一般纳税人并开具免税的普票，一般纳税人拿到这种普票可以按照“票面金额×9%”来计算抵扣增值税；又如外出办公打车，平台公司开具电子普票，我们可以凭电子普票上的税额抵扣增值税。

了解了发票对于增值税计算的重要作用，我们就可以理解为什么虚开发票成为财税领域最不可触犯的红线，虚开税款达到250万元以上，最高可判处无期徒刑。

税务机关在判断是否为虚开发票时，会考虑以下方面：

第一，是否有与开票规模相适应的生产经营场地；

第二，水电气等能耗、运输费用等辅助活动支出是否与开票规模对应的产能相适应；

第三，是否有与开票规模相适应的人员支出（工资、社保、个人所得税纳税情况等）；

第四，购进的原材料、固定资产等是否能匹配开票规模的产能；

第五，是否存在资金回流情形。

上述五个方面是判断纳税人是否虚开发票的主要依据，涉及场地、产能和资金流情况。

企业所得税的征收对象及方法

前文介绍了对“毛利”征收的增值税，接下来谈谈对“利润”征收的号称“百税之王”的企业所得税。

1.对什么征税

企业所得税是针对企业的生产经营所得、其他所得和清算所得征税。基本计算公式为：应纳企业所得税=应纳税所得额×适用税率。这里的应纳税所得额可以理解为税法意义上的利润，实际上其与会计利润既有区别又有联系。

税法利润有两种计算方式：一种是间接法，即税法利润=会计利润+按照税法需要调增的金额-按照税法需要调减的金额；另一种是直接法，即税法利润=税法确认的收入-税法确认的成本、费用、损失=（收入总额-不征税收入-免税收入）-（各项扣除-可弥补亏损）。

（1）税法确认的收入。

税法确认的收入一般包括我们日常确认的收入，即销售商品、提供劳务或服务、转让财产、股息红利等权益性投资（符合一定条件可享受免税），以及利息、租金、特许权使用费、接受捐赠、其他收入等。

但是，如果有的收入满足一定条件，企业可以享受不征税政策，例如政府财政拨款、特定的行政事业收费和政府性基金。当然，类似于增值税，不征税收入所发生的成本费用依然可以在税前扣除。

国债利息所得、境内企业之间股息红利所得（满足一定条件）、非营利组织收入（满足一定条件）等属于免税收入。当然，类似于增值税，免税收入所对应的成本费用不得从税前扣除。

（2）各项扣除。

在经营企业过程中发生的与收入相关的合理性支出，均可在企业所得税前扣除。这里与税法确认的成本费用差异较大，需要调增调减的项目较多，我们举几个常见的例子：

例一：喜羊羊公司2022年产生利润1000万元，给员工计提100万元年终奖，但第二年汇算清缴前尚未发放，那么2022年喜羊羊公司的税法利润=1000+100=1100（万元），因为没有实际发生的支出，税法不认可。

例二：美羊羊公司2019年产生利润500万元，当年因为环保超标被政府机关罚款3万元，2019年美羊羊公司的税法利润=500+3=503（万元）。

例三：暖羊羊公司2020年产生利润800万元，当年通过政府机关对外捐款100万元，税法规定的公益捐赠扣除限额是企业会计利润的 12%，即 800×12%=96（万元），那么 2020 年暖羊羊公司的税法利润 =800+100-96=804（万元）。

例四：懒羊羊公司 2021 年收入 3000 万元，产生利润 900 万元，当年为招待客户发生费用 30 万元，业务招待费有两个扣除限额：一是营业收入的 0.5%，即 15 万元；二是实际发生额的 60%，即 18 万元。两者选择更低的为最终限额，即 15 万元，那么懒羊羊公司 2021 年的税法利润 =900+（30-15）=915 万元。

除此以外，视同销售、超标准发生的利息支出、与生产经营无关的赞助支出、超标的广告费、职工福利费、职工教育经费、白条支出、未实际支出的股权激励等等，都需要按照税法要求予以调增调减。

关于视同销售我给大家举个例子。某知名汽车 4S 店为了提高客户的满意度和获得感，决定对本店的VIP客户提供每年免费维修车辆 3 次的服务。

那么问题来了，向客户提供免费修理，是否需要视同销售呢？根据《中华人民共和国企业所得税实施条例》第二十五条，企业发生非货币性资产交换，以及将货物、财产、劳务用于捐赠、偿债、赞助、集资、广告、样品、职工福利或者利润分配等用途的，应当视同销售货物、转让财产或者提供劳务。

因此，4S 店为VIP客户提供免费车辆维修的行为，被视同提供劳务，需要缴纳企业所得税。

2. 向谁征税

企业所得税的征收主体分为居民纳税人和非居民纳税人。居民纳税人可以理解为“主人”，纳税范围比较广，来自全球的税务利润都需要在中国交税。非居民纳税人可以理解为“客人”，对其来自中国境内的所得交税。非居民纳税人还可以细分为设立了机构场所的和没有设立机构场所的，适用税率不同。

需要注意的是，我们经常看到的个体户、个人独资企业、合伙企业都不需要缴纳企业所得税，而是缴纳个人所得税。

3. 按什么征

企业所得税税率比较简单，基本分为两档。

（1）基本税率是 25%。

主要用于在境内成立的企业，以及在境内设立有机构场所并且该所得与该机构场所有关的非居民企业。

（2）低税率是 20%。

用于未设立机构场所，或者有机构场所但是所得与机构场所无关的非居民。但是实际上在计算时可减半享受 10% 的优惠税率。

小型微利企业适用的基础税率也是 20%，只不过对税法利润进行了进一步减免。例如，对税法利润不超过 100 万元的部分，税法利润减记为 12.5%，最终税负为 2.5%；税法利润超过 100 万元不到 300 万元的部分，税法利润减记为25%，最终税负为5%。

还有国家鼓励的重点软件企业，从获利年度起，第一到第五年免征企业所得税，接续年度按10%缴纳企业所得税。

（3）优惠税率是15%。

一是适用于国家级高新技术企业，该资质三年一复审，每年需要做维护。二是适用于特定区域，例如，注册在海南并且实质运营的鼓励类企业或者在西部大开发注册的鼓励类企业，均可享受15%的优惠。

上面介绍的是查账计税税率，经常有人向我咨询，是不是还有核定征收的方式且税负很低。

再给大家举个例子。

经税务稽查人员检查，发现杭州某医美公司通过个人账户收款等方式隐瞒应税收入47亿元。其间该公司辩称，取得该部分收入是有成本的，只是都通过个人账户支付，没有取得发票及相关税前扣除凭证，但有相应的支付流水记录。

这47亿元不可能是纯收入，肯定有对应的相关成本，只不过都是在个人账户收支而已，并且该个人账户的支出流水与企业实际经营支出对应。

根据《税收征管法》，以下情况适用核定征收：第一，各种原因无账可查的；第二，有账但没法看的；第三，死不悔改不申报的；第四，计税依据明显偏低又无正当理由的。最后，杭州稽查局在确定该公司应补企业所得税时采用核定应税所得率的方式。

但需要注意的是，各企业具体情况不同，最后的结果也不一样，以上操作很可能被国家税务总局定性为偷税，还是需要非常谨慎的。

分清十五个其他小税种

除了前面所讲的三大税种，下面介绍一下其他小税种。

1.与消费有关的税种

（1）消费税。

与增值税不同，消费税具有国家引导消费、限制消费和惩罚消费的指挥棒作用，征收的基本都是高污染、破坏环境和奢侈品消费。

征收对象有15类，可以简单理解为“三男二女去开车”，“二高二木开游艇”，横批“不环保”。

“三男”指的是一般男同志爱的三样：烟、酒、鞭炮；“二女”指的是一般女同志爱的两样：高档化妆品和贵重首饰；“去开车”指的是小汽车、摩托车，以及与车相关的成品油；“二高”指的是高尔夫球和高档手表；“二木”指的是实木地板和木质一次性筷子；“游艇”指的是高消费；“不环保”指的是电池和涂料。

消费税具有一次性缴纳的特点，主要在生产和零售环节缴纳。

（2）**城市维护建设税。**

一般需要缴纳增值税和消费税的企业，还需要缴纳城市维护建设税，按照企业注册地，税率分为7%、5%和1%。

从事进口业务的企业要注意了：从2021年9月1日开始，进口货物、服务、劳务、无形资产等缴纳增值税和消费税，不需要缴纳城市维护建设税。

出口型制造企业可以享受免抵退的增值税优惠政策，免抵额需要缴纳城市维护建设税。

举个例子。甲公司位于某市市区，2021年9月发生如下业务：企业零售金银镶嵌首饰，当期应纳消费税10万元；当期销售珠宝首饰，境内购销业务的销项税额与可抵扣进项税额之差为20万元；当期进口少量配件，缴纳并取得增值税进口专用缴款书对应的增值税税额为5万元；已知甲企业出口业务中，当期实际免抵税额4万元。甲公司2021年9月城市维护建设税的计税依据=10+20+4=34万元。

（3）**关税。**

关税是对通过关境的进出口货物课征的一种税。按货物的流向，可把关税分为进口关税、出口关税和过境关税。其计算方式分为从价计算、从量计算、复合计算（既有从价计算也有从量计算）、滑准计算（商品价格越高，税率越低）。关税是国家实施对外贸易政策的重要工具。

这里说一个代表性案例。江苏鸿宾曾经是上市公司三只松鼠最大的干果供应商，巅峰时期年收入超过10亿元，后被指控牵涉一件涉及6.39亿元的走私案。原来江苏鸿宾是从美国购进坚果原料，然后在境内加工成熟果后销售给三只松鼠和良品铺子等坚果零售商。2018—2019年，从美国进口坚果原料关税加征50%，临时提高的关税让江苏鸿宾猝不及防。在此情况下，江苏鸿宾铤而走险，通过修改标签，把进口生料改为进口熟料（熟料的关税比生料低）进行虚假报关，最终被海关发现。

2.与不动产有关的税种

（1）土地增值税。

它是针对房屋、土地的转让的一个税种，我们可以把它理解为针对房地产高额利润开征的“消费税”，是房地产开发企业最重要的税种，一不留神没算好，房子就卖亏了。它也是国家调控房地产市场的重要手段。

土地增值税是对房地产交易的“利润”征税，这个利润是按照税法要求计算出来的，因此它也要求计算税法要求的收入和相关允许扣除的项目。

土地增值税的税率比较特殊，采用30%~60%的四级超额累进税率。

土地增值税对于房地产开发企业非常重要，有些项目如果没有事先做好数据测算，很可能做完是亏的。有些企业把自己的土地以股权形式转让出去以规避土地增值税，但是这样操作也是有风险的。

《国家税务总局关于以转让股权名义转让房地产行为征收土地增值税问题的批复》（国税函〔2000〕687 号）称，鉴于深圳市能源集团有限公司和深圳能源投资股份有限公司一次性共同转让深圳能源（钦州）实业有限公司 100% 的股权，且这些以股权形式表现的资产主要是土地使用权、地上建筑物及附着物，经研究，对此应按土地增值税的规定征税。

除深圳外，其他省份也有类似的文件，因此是否可如此操作需要专业人士进行评估。

（2）房产税。

房产税按照房产购买或者建造时的价格来征收，按是否出租可分为自有自用房产和出租房产，前者按“房产原值×70%×1.2%”来征收，后者按照“租金×12%”来缴纳。

平时老板们可能对于房产税没有感觉。举个例子，某个体户对外出租商业用房，年房租 120 万元，除了需要按照租金×5%缴纳增值税之外，还需要按照租金×12%缴纳房产税，这个税负还是很高的。

（3）土地使用税。

土地使用税指国家对使用土地的单位和个人，以其实际占用的土地面积为计税依据，按照规定的税额计算征收的一种税。

假定某栋大厦占地面积 20 万平方米，总高 16 层。某公司租用该大厦的其中一层，那么该公司需要就其实际租用的面积乘以税额来缴纳对应的土地使用税。假如该地的土地使用税税额为每平方米 5 元，那么该公司需缴纳的土地使用税为 20 万平方米 ÷16 层 ×5 元 / 平方米 =62500 元。

（4）契税。

契税是在房屋土地交易过程中，买方需要缴纳的税种，其税率为 3%~5%，具体由各省级人民政府确定。

契税也是老百姓最爱筹划的税种之一。契税有项优惠政策，即个人名下唯一住房享受 1%~1.5% 的契税税率。小张在婚前名下已有一套房产，为了在婚后购买第二套房时少缴首付款和契税款，便与妻子阿晶商议决定先假离婚，由名下无房的阿晶以个人名义购买她的首套房后，再复婚。没想到离婚后阿晶没有如约复婚。

税收所有的筹划都有风险或成本，在操作前需要专业人士充分评估以便尽可能控制风险。

3. 与运输工具相关的税种

与运输工具相关的税种有车辆购置税、车船税、船舶吨税。

（1）车辆购置税。

车辆购置税是在买车的环节根据车辆类型、排气量征收的一定金额的税，是一次性征收的，再次买卖不需要缴纳。

（2）车船税。

车船税是对车、船的保有使用征收的税种，根据车船类型，每年征收一次定额税。

（3）船舶吨税。

船舶吨税也称吨税，是海关部门对进出本国港口的船舶按船舶净吨位征收的税。应税船舶在吨税执照期满后尚未离开港口的，应当申领新的吨税执照，自上一次执照期满的次日续缴吨税。

4.其他小税种

（1）耕地占用税。

主要针对被占用的耕地征收，采用定额税率，其标准取决于人均占有耕地的数量和经济发展程度。

（2）印花税。

印花税是以经济活动中签立的各种合同、产权转移书据、营业账簿、权利许可证照等应税凭证文件为对象征收的税。

纳税人根据纳税凭证的性质，分别按比例税率或按件定额计算应纳税额。例如，财产租赁、仓储保管合同等规定的税率是千分之一。

（3）资源税。

资源税是主要针对矿产（能源、金属、非金属、水气）、盐开征的一个税种，按照不同类别分别从价或者从量计算。

例如针对煤炭，资源税是按照价格征收的，这个价格不包括运输费和装卸费，可以依据这一点合理合法降低资源税税负。比如煤炭公司原本给煤炭销售公司的价格为每吨 500 元，但包含运输费和装卸费，如果不将该部分价格分离出来，那么900万吨煤炭需要缴纳资源税=900×500×10%=45000（万元）；如果将每吨运输装卸费10元剥离出来，节省的资源税=900万吨×10元/吨×10%=900（万元）。

（4）环保税。

环保税主要针对污水、废气、噪声和废弃物等突出的显性污染进行强制征税。

（5）烟叶税。

烟叶税是以纳税人收购烟叶的收购金额为计税依据征收的一种税，其应纳税额按照纳税人收购烟叶的收购金额和规定的税率计算。烟叶税实行比例税率，税率为20%，由地方税务机关征收。

企业注册步骤及注意事项

企业注册有哪些注意事项？

1. 公司核名

一般需要事先列出3~5个公司名称，以便提升通过率。

以注册深圳公司名称为例，有以下十点注意事项：

第一，企业只准使用一个名称，在登记主管机关辖区内不得与已登记注册的同行业企业名称相同或者近似。

第二，企业名称应当由行政区划+字号+行业表述+组织形式等组成。以有限公司为例，前海＋百科＋财税服务＋有限公司。

第三，企业名称应当使用符合国家规范的汉字，不得使用汉语拼音字母、阿拉伯数字或繁体字、异体字等不规范汉字。

第四，企业名称中的字号应当由二个以上的字组成，行政区划不得用作字号，但县级以上行政区划的地名具有其他含义的除外。

第五，企业名称不得含有下列文字和内容：

（1）有损于国家、社会公共利益的。

（2）可能对公众造成欺骗或者误解的。

（3）外国国家（地区）名称、国际组织名称。

（4）政党名称、党政军机关名称、群众组织名称、社会团体名称及部队番号。

（5）汉语拼音字母（外文名称中使用的除外）、数字。

第六，企业名称不得与被吊销营业执照的企业名称相同。

第七，企业名称不得与注销企业名称相同。

第八，企业名称不得与其他企业变更前的原名称相同。

第九，企业名称中不得含有另一个企业名称。企业分支机构名称应当冠以其所从属企业的名称。

第十，名称冠“广东”的公司，须符合《广东省企业冠省名登记管理办法》的规定。

另外，企业名称冠“中国”“中华”“全国”“国家”“国际”等字样的，或者在名称中使用“中国”“中华”“全国”“国家”等字样的，或者名称不含行政区划的，需符合《企业名称登记管理实施办法》第五条、第十条的规定。

企业名称不应当明示或暗示有超越其经营范围的业务。

2.准备设立公司材料

一般设立公司需要准备的材料并不多，大致包括法人身份证和手机号码、股东身份证和手机号码、监事身份证和手机号码，以及其他相关职务身份证及手机号码，外加注册地址材料。

公司住所是公司开展各种业务的中心场所，《公司法》明确规定，公司注册地址为公司设立的条件，是公司章程的绝对必要记载事项。

值得注意的是，公司的注册地址必须是非住宅性质或工业厂房用地及商业用房，居民住宅楼一律不给注册登记执照；需要房东提供房产证复印件和房屋租赁合同。

特别强调的是，公司注册地址不一定要是自己购买的房产，也可以是租赁的，只要有产权证明即可。

3.网上申报

前期准备好材料之后，就要开始申报。杭州目前都是在网上申报，登录“浙江政务网”的申报界面，在企业设立登记中录入详细的申报信息，按照流程一步一步往下走，然后提交，等待审核通过。

4.设立登记

所有材料审核通过后，将材料递交到所在地的工商行政服务中心工商办事窗口，到指定取证窗口领取营业执照正副本。也可以选择邮寄服务，不需要去窗口递交材料和领取营业执照。

5.刻章

拿到营业执照之后，就到正规的刻章店刻章，也可以选择政府送章（在网上登记的时候选择备注项），一般送3枚。

6.开办公司对公账户

企业可以自主选定开户银行，经办人持营业执照正本、法定代表人和经办人身份证原件、公章和法定代表人私章、企业章程等材料到银行网点开设对公账户。

7.国家税务局核定税种、购买税盘、领取发票

企业法人带好所有的资料，到企业成立所属地区的国家税务局大厅办理。国家税务局会根据企业规模、经营范围资格认定和核定税种、票种。